새 교육과정에 맞춘

공부 주도성의 힘

인공지능 시대의 공부법

신봉섭 저

THE POWER OF LEARNING AGENCY

"자신의 삶과 학습을 스스로 이끌어 가는 주도성 함양"

학지사

머리말

　지금은 인공지능의 시대이다. 사람과 대화하듯 텍스트를 생성하는 챗GPT 3.5가 등장한 후로, 질문만 잘하면 텍스트, 이미지, 영상 가릴 것 없이 '즉시, 완제품'으로 나타난다. 인공지능이 어려운 문제도 척척 해결해 준다.

　그런데 미국의 인공지능연구소 Open AI에서 챗GPT 3.5를 무료로 개방하던 그때부터 대한민국에는 공교롭게도 의과대학 열풍이 불었다. 인공지능이 사람들의 일자리를 빼앗아 갈 테니 내 자식만큼은 안정적으로 일할 수 있고, 평생 수입도 많고, 사회적으로 인정받을 수 있는 의사 되기를 바라는 부모의 자식 사랑이 작동하였다. 그렇지만 모든 것이 불확실한 세상을 살아갈 자녀들에게 부모들이 살아온 삶의 매뉴얼로 미래를 준비하도록 해도 괜찮을까?

　대한민국은 선진국이 되었지만(세계경제 현황 및 전망 보고서), 미래는 밝지 못하다. 2023년 합계출산율이 0.72명으로 OECD 국가 중에 유일하게 1명 이하이다. 인구는 줄어드는데 고령화 속도는 빨라 곧 세계에서 가장 늙은 국가가 될 것으로 예측되고 있다. GDP 성장률은 2%를 지키기도 어렵고, 저성장의 늪에 빠질지 모른다는 경제 전망이 불길하다. 저출산으로 생산과 소비의 선순환 구조가 깨져

버리고, 경제성장이 멈추면 고용 창출의 동력은 사라질 수밖에 없
다. 지금 청년들은 대학을 나와도 취업하기 어렵고, 취업을 해도 결
혼을 꿈꿀 수 없고, 결혼을 해도 자녀 낳을 엄두를 못 낸다. 수명은
길어지는데, 첫 직장에서 퇴직하는 연령이 50세에 미치지 못한다는
조사 결과도 있다.

지금 10대들은 어떨까? 제대로 된 일자리를 잡기도 어렵고, 평생
에 5, 6번 일자리를 바꾸어야 한다. 몇몇 대학을 제외하면 누구나
대학에 갈 수는 있지만, 대학을 나왔다고 미래가 보장되지도 않는
다. 그들의 미래는 부모들보다 더 불확실하고 불안하다. 그렇다면
어떻게 미래를 준비해야 할까?

"미래 사회의 불확실성에 능동적으로 대처할 수 있는 능력, 자신의
삶과 학습을 스스로 이끌어 가는 주도성을 함양한다."
                                              -2022 개정 교육과정 총론 중-

2024년부터 시행되는 「2022 개정 교육과정」은 학습과 삶의 주도
성을 기르는 데 목적을 두었다. 주도성(Agency)은 삶의 주인이 되어
살아가는 주체적인 역량을 말한다. 불확실한 미래에 잘 살아가기
위해서는 삶의 주인이 되는 역량을 길러야 한다. 누가 정해 준 대로
살아서는, 남들이 하는 대로 따라 해서는, 어떤 모습으로 다가올지
모르는 불확실한 미래에 능동적으로 대처할 수 없다.

모름지기 교육과정은 학교에서 수업 방식과 학생 평가를 유도한

다. 그리고 그것들은 학생들의 학업(공부) 방식을 변화시킨다. 학습
과 삶을 스스로 이끄는 주도성을 기르려면, 어떻게 공부해야 할까?
글쓴이는 공부에 '주도성'을 결합하여 공부 주도성(Learning agency)
이라 이름 붙였다. 공부 주도성은 공부하는 과정에서 스스로 행위
주체자(agent)가 되는 것이다.

공부 주도성
....
공부와 삶의 과정에서 주체가 되어 스스로 목표를 정하고, 실행 방안
을 찾아 실천한 다음에, 그 과정과 결과를 성찰하는 통합적 생애 역량

$$\text{공부} \overset{=}{\rightarrow} \text{삶}$$

　공부의 원리와 삶(인생)의 원리는 하나(=)이다. 그리고 공부의 과
정과 결과는 삶의 역량으로 옮겨 가야(→) 한다. 그러자면 지금까지
몸에 밴 밀어 넣는(Push) 공부와 결별해야 한다. 이들 명제가 공부 주
도성 개념을 만들고, 이 책을 쓴 배경이다.
　인공지능 시대에는 다른 사람, 외부 환경의 힘으로, 암기 위주의
공부, 성적에만 매달리는 공부를 해서는 안 된다. 이제 내가 공부의
목표도 정하고, 공부의 실행 방법도 스스로 찾아내고, 공부한 결과
를 성찰하고 책임도 지는 공부를 해야 한다. 끌어내는(Pull) 공부, 내

가 끌고 가는 공부를 해야 한다. 그래야 인공지능 시대, 불확실한 미래에 생존하고 성공할 수 있다.

그렇다고 학교 성적이 필요 없다는 말은 절대 아니다. 성적을 올리고, 원하는 대학에 갈 때, 내가 끌고 가는 공부를 해야 대학 이후의 삶에 필요한 생애 역량을 함께 기를 수 있다.

이 책『공부 주도성의 힘』은 두 가지 관점에서 구성하였다(첫 장 제외). 우선, 인공지능 시대의 핵심 가치를 바탕으로 각 장을 구성하였다. 각 장과 관련된 인공지능 시대의 핵심 가치 또는 관련된 핵심 개념을 소중하게 여기고 내면화해야 공부 주도성 전략을 제대로 실천하고, 내 것으로 만들 수 있다.

공부 주도성 체계				
구성	핵심 가치 핵심 개념	PIR 공부 주도성		
		공부 목표 (P)	공부 실행 (I)	공부 성찰 (R)
제2장 플랫폼 공부하기	초연결성	●	●	●
제3장 질문 공부하기	호모 프롬프트	△	●	△
제4장 공부 성찰하기	메타인지	●	●	△
제5장 논술 공부하기	할루시 네에션	△	●	△
제6장 공부 향유하기	호모 루덴스	△	●	△
제7장 루틴 실천하기	분초사회	●	●	●

둘째, 공부 주도성 전략을 주도성의 구성 요소를 반영하여 PIR 공부 주도성이라 이름 붙였다. PIR은 공부 목표(Goal)를 스스로 정하고, 실행 방안(Implementation)을 스스로 찾아 실천한 후에 공부의 과정과 그 결과를 주체적으로 성찰(Reflection)하는 것을 말한다. 세 가지 구성 요소 중에, 각 장에서 중점적으로 기르는 주도성의 요소를 진한 원(●)으로 표시하였고, 부차적인 요소는 삼각형(△)으로 나타냈다. 이런 사고의 뿌리는 제1장에 있다.

이 책을 쓰게 된 배경과 핵심 아이디어를 종합하면 다음과 같다.

인공지능 시대	+	불확실한 미래

학생 주도성(Student Agency)
학생들이 삶을 주체적으로 살아가는 생애 역량

2022 개정 교육과정
미래 사회의 불확실성에 능동적으로 대응할 수
있도록 삶과 학습을 스스로 이끌어 가는 주도성 함양

공부 패러다임의 리셋

공부 주도성(Learning Agency)
공부와 삶의 과정에서 주체적으로 목표를 설정하고,
실행하며, 그 과정과 결과를 성찰하는 **통합적 생애 역량**

이 책 사용법: 읽기와 실천하기

첫째, 각 장은 세 개의 소주제(01-02-03)로 구성하였는데, 순서에 관계없이 읽어도 내용을 이해하고 실천하는 데 무리가 없다. 01은 각 장과 관련된 인공지능 시대의 핵심 가치, 배경 논리를 이해하는 데 초점을 두었고, 02와 03은 01에 따른 실천 원리를 담았다.

둘째, 제1장을 제외하고 각 장의 끝에 둔, 온워드를 꼭 실천하기 바란다. Onward는 '앞으로 나아가는(계속 이어지는)', '전진, 앞으로'의 뜻을 갖고 있다. 평생의 생애 역량을 기르기 위해 지속적으로 공부 역량을 키우자는 의미에서 몇 가지 실천 활동을 제시하였다. 이 활동들을 익히고 실천한 다음에 〈부록〉에 실은 「공부 주도성의 힘」 성장 체크 업(Check up)으로 '나'를 확인해 나가기 바란다.

셋째, 글쓴이가 이 책을 중심으로 운영하는 공부 역량 아카데미(blog.naver.com/lc2_academy)를 활용하기 바란다. 그러면 공부 주도성을 기르고 실천하는 데 도움이 된다.

공부 주도성의 힘		
↓		
공부 역량(LC2) 아카데미		
↓		
공부 주도성 키움 교실	공부 주도성 시리즈(별책)	공부 주도성 유튜브 (신 교수의 공부 이야기)

　공부 역량(LC2) 아카데미에서, LC는 학업 역량(Learning competency)과 인생 역량(Life competency)을 뜻한다(L이 둘이라 2를 붙임). 그렇다면 아카데미 이름을 '공부 역량 & 인생 역량'이라 해야 하지만, 간편하게 공부 역량 아카데미라 하였다. 결국 글쓴이가 만든 LC2 아카데미는 공부 역량을 키워 인생의 힘을 기르자는 뜻을 갖고 있다. LC2 아카데미는 크게 네 가지로 구성하였다.

①　공부 주도성 키움 교실—공부 주도성을 계속적으로 연마하도록 온라인과 오프라인을 결합하여 맞춤식 강좌를 운영한다. 이 강좌에서는 학생들이 공부 역량과 인생 성장에 필요한 역량을 진단하고 실천하도록 안내하며, 개별적으로 피드백한다. 이에 대해서는 글쓴이가 운영하는 블로그에서 상시 안내하고 있다.
②　공부 주도성 시리즈(별책)—글쓴이는 이 책을 중심에 두고 공부 주도성을 실천하는 가이드북을 시리즈 형태로 발간할 예정이다. 먼저 이 책의 제2장(플랫폼으로 주도하는 공부)을 기반으로 『공부 플랫폼 노트』, 그리고 제4장(학업 성찰)과 제7장(학업 루틴)을 묶어 『인생 성장으로 가는 학업 성공 다이어리』를 펴낼 예정이다(2024. 12.). 두 가지 별책은 학업 과정에서 공부 주도성을 지속적으로 실천하는 플랫폼이므로 꼭 활용하기 바란다. 이것들 역시 공부 역량(LC2) 아카데미 블로그에서 안내한다.
　　(공부 역량 아카데미, 블로그)

③ LC2 유튜브 운영-글쓴이가 운영하는 유튜브 채널(신 교수의 공
부 이야기)에서는 이 책의 소주제별로 실천 요령과 실천 사례
를 소개하고 있다. 또한 공부 주도성 시리즈 등에 대해서도 안
내한다. 특히, 각 장의 마지막에 있는 온워드(onward)를 실천
하여 블로그에 올리면 선별하여 개별적으로 피드백한다.

▨ (신 교수의 공부 이야기, 유튜브)

넷째, 이 책의 독자가 될 세 주제(부모와 자녀, 교사)들은 스스로 핵
심 질문을 하고, 그에 대한 답을 찾아 실천하기 바란다. 먼저, 부모
는 "내가 안정적인 시대에 살아온 삶의 방식대로 자녀를 지원해도 괜찮을
까?" 이렇게 질문하기 바란다. 인공지능의 시대, 불확실한 미래를
스스로 헤쳐 나가야 할 자녀들의 교육과 삶에 대한 부모의 패러다
임이 달라져야 한다. 글쓴이는 이 사실을 프롤로그와 제1장(인공지
능 시대의 공부 역량)에서 강조하였다. 따라서 부모들은 이 책을 먼저
정독하고서 자녀 교육의 틀을 리셋한 다음에 자녀들에 넘겨주기 바
란다.

자녀(학생)들은 "나는 공부와 삶의 주인으로 살고 있는가?" 이 질문
을 가슴에 새기면서 학업 생활을 하기 바란다. 그러면 이 책이 공부
와 삶의 주인으로 살아가는 실천 나침반이 될 수 있다. 한편 선생님
들에게도 부탁한다. "학생들이 10년, 20년 후 어떻게 살기를 원하는가(어
떤 사람이 되기를 원하는가)?" 이 질문이 학생 주도의 수업 전략을 설계
하고 실천하는 토대가 될 것이다.

감사의 말씀

『공부 주도성의 힘』 집필을 마치면서 감사할 분이 많다. 먼저, 이 책이 세상에 나오도록 결정해 주신 김진환 대표님께 매우 감사하다는 말씀을 드린다. 글쓴이가 대학 교수의 삶을 시작할 때쯤 출판사를 설립하셨는데, 얼마 전 30주년 기념식을 하셨고, 그때 글쓴이를 특별히 초청해 주셨다. 이번에 글쓴이가 그간의 연구와 활동으로 쌓은 것들을 새로운 프로젝트로 전환하는 출발점에서 대표님께서 흔쾌히 지원해 주셨다. 그간의 정(情)이라 말씀하셨지만, 작금의 출판 시장을 감안하면 (학지사가 우뚝 선 출판사이지만) 선뜻 결정하기 어렵다는 것을 잘 알고 있다.

이 책을 멋지게 기획하고 편집하여 주신 김순호 이사님과 이세희 에디터님께 진심으로 감사하다. 김 이사님은 글쓴이가 책을 낼 때마다 기획 단계에서부터 길을 안내해 주셨다. 이 책 역시 그렇다. 이 선생님은 글쓴이의 원고를 여러 번 책임져 주셨다. 이번에도 아름답게 디자인해 주시고, 교정 과정에서 글쓴이의 부족함을 빈틈없이 메꾸어 주셨다.

마인드앤모어 상담교육연구소 강민경 대표님께도 감사의 말씀을 드린다. 심리상담과 교육, 강의를 비롯하여 학교운영위원회 및 학부모회 봉사활동과 평생학습 동아리 운영 등으로 바쁜 가운데서도 글쓴이가 학생, 학부모를 만나고, 지역 평생교육의 장에서 사람들을 만나고 경험을 쌓도록 많은 도움을 주었다.

『공부 주도성의 힘』을 출간하면서 이 책의 독자(부모, 자녀)들에게

도 감사드린다. 그리고 자녀(학생)들은 글쓴이가 제안하는 공부 주
도성 전략을 꼭 실천하여 공부 역량과 인생 성장의 힘을 기르기를
바란다.

2024년 10월
지은이 신붕섭

프롤로그

어떤 부모가 되어야 할까

1. 자녀, 어떻게 사랑해야 할까

105세 현역 철학자의 일러줌

100세가 넘은 연세지만 후세들에게 강연, 저술로 인생의 깨우침을 주는 김형석 교수께서는 자녀 교육 때문에 힘들어하는 부모들에게 간단명료하게 일러 준다.[1]

"아이의 자유를 소중하게 여겨라. 자유는 선택이다."

그는 친절하게 풀어 주신다. 자녀에게 선택의 자유를 주면 자신의 삶을 헤쳐 나갈 마음의 근육이 생긴다. 자녀에게 자신의 일을 스스로 선택할 자유를 주지 않으면, 자아(정체성)가 없어지고, 중심을 잃는다. 유치원, 초등학교, 사춘기 전까지는 부모와 자녀가 손잡고 같이 갈 수 있지만, 그 뒤로는 안 된다.

"자녀를 앞세우고, 부모는 뒤에 가라."

석학께서는 오해할까 봐 덧붙인다. 그렇다고 그냥 내버려두라는 게 아니다. 아이 뒤에서 지원하고 지도하라고 강조하신다.

따뜻한 방목, 길을 찾는 방황

진화생물학의 석학, 최재천 교수께 물었다.[2] "자식을 어떻게 키워야 합니까?" 그는 생물의 이치로 자녀 교육의 길을 되물었다.

"새가 나는 것을 가르치는 광경을 본 적이 있습니까?"

어미 새는 "이렇게 날아라, 저렇게 날아라" 가르치지 않는다. 그저 어미 새가 여기, 저기로 후루룩 날아가 버리면 새끼 새도 따라서 날아간다. 나는 것이 어설픈 어린 새는 땅바닥에 떨어지고, 나뭇가지에 부딪히고, 온간 실수와 시행착오를 겪지만 어미 새는 돌아보지도, 간섭하지도 않는다. 새끼 새는 고통을 감내한 끝에 비로소 하늘을 유유히 날아간다.

석학은 부모들에게 자녀의 방황은 막아야 할 고통이고, 실패라 여기지 말라고 당부한다. 스스로 이리저리 가 봐야 진짜 길을 찾는다고 일러 준다. 사육한 닭은 몸집은 금방 커질지라도 달걀도, 고기 맛도 풀어놓고 키운 닭만 못하다. 방황하고, 방목을 하면 고통을 겪을 수 있다지만 그것이 생명체를 진화시킨 원동력이라고 알려 준다.

2. 나는 어떤 부모인가

헬리콥터 부모 진단하기

헬리콥터 부모(helicopter parent)[3]라는 말이 유행한 적이 있었다. 청소년기 이후에도 부모가 자녀의 삶에 과도하게 개입하고, 자율성을 허용하지 않는 부모를 말한다. ① 자녀의 삶에 깊이 개입하기, ② 자녀 주위에 맴돌기, ③ 자녀 대신 결정하기가 헬리콥터 부모의 특징이다. 이런 부모는 자녀를 정서적으로 지지해 줄 수 있지만, 자녀의 사회적 관계, 진로 발달 등에 부정적 영향을 미친다. 초·중등학교 때 헬리콥터 부모 밑에서 자랐다면 그 부작용은 대학생이 되고, 성인이 되어서도 지속된다. 이것이 헬리콥터 부모에 대한 연구가 이들을 대상으로 이루어지는 이유이다.

다음 문항은 「한국판 헬리콥터 부모 지각 척도」[4]이다. 글쓴이가 본래 문항의 내용은 손대지 않고, 서술어, 반응 점수 등을 고쳤다. 자녀에게 부모의 모습을 솔직하게 반응하도록 해 보자. 부모들도 나의 모습을 객관적으로 확인해 보자.

반응 요령
- 전혀 일치하지 않음 → 1
- 별로 일치하지 않음 → 2
- 약간 일치함 → 3
- 매우 일치함 → 4

① 나의 부모는 나의 모든 일을 감독한다.
② 부모님께서는 내가 나의 일을 결정할 수 없다고 생각한다.
③ 부모님께서는 공부나 생활에서 실패하지 않는 것을 중요시한다.

④ 부모님께서는 내 문제를 해결해 주려고 자주 개입한다.
⑤ 내가 부모님의 인생 목표 같다는 느낌이 들 때가 많다.
⑥ 나의 부모님은 내가 하는 활동에 많이 관여한다.
⑦ 나는 내 판단보다 부모님의 판단을 신뢰한다.
• 자녀의 반응 점수: _____/28점, '부모'의 반응 점수: _____/28점

나(부모)를 거울에 비추어 보는 게 목적이므로, 점수가 높게 나왔다 해서 고민할 필요는 없다. 다만 자녀가 고등학생이나 대학생인데도 너무 높게 지각하였다면 이를 낮추는 방안을 찾아보자. 자녀가 스스로 내 삶의 주인은 나라는 신념을 갖지 못하면 주체적이며 책임 있는 삶을 살 수가 없다. 아이들은 삶의 통제감이 낮으면 실존적 불능(不能) 상태에 빠진다.[5] 헬리콥터 부모가 자녀를 망친다고까지 말하는 까닭이다.

자녀와 부모의 통제권 진단하기

평소에 누가 결정하는가? 이 책을 관통하는 핵심 아이디어고, 자녀가 공부와 삶의 주체자(주인)가 되기 원한다면, 부모가 항상 마음속에 품어야 할 빅 퀘스천이다. 아래 질문은 부모와 자녀 간에, 자녀의 일과 관련하여 누가 통제권을 갖고 있는지 분석하는 문항이다.

질문 1. 자녀가 사교육(학원 수강, 과외교습)을 받고 있는가?

_____ ① 그렇다.   _____ ② 그렇지 않다.

질문 2. (질문 1에 ① 표시한 경우) 사교육을 결정하는 상황을 생각하여, 가장 일치 하는 것에 ✓ 표시하시오. 해당하는 것이 없으면 ⑥에 직접 기술하시오.

_____ ① "엄마가 아주 잘 가르친다는 학원을 알아냈다. 한 주일에 두 번씩 가는 거야."

_____ ② "혼자 공부할 수 있겠니? 아니면 학원에 가야겠니? 엄마가 학원 알아볼까?"

_____ ③ "성적이 자꾸 떨어지는데, 어떻게 할까? 엄마하고, 함께 방법을 알아보자."

_____ ④ "자녀: "엄마, 아무래도 혼자 공부하는 건 힘들어요."
엄마: "그래, 잘 생각했어. 엄마와 함께 학원 알아볼까?"
자녀: 좋아요.

_____ ⑤ "자녀: "엄마, 이제 학원 갈래요. 학원은 내가 알아볼게요."
엄마: "그래 네가 알아서 해."

_____ ⑥ "(기타):

질문 2에서, ①에 가까울수록 부모가 통제권을 더 갖는 상황이고, ⑤에 근접할수록 자녀가 통제권을 갖는 상황이다. 각 문항의 의미는 다음 틀에서 알 수 있다. 이 틀은 교사와 학생 간의 관계를 설명하려고 만든 것인데,[6] 글쓴이가 부모와 자녀 관계로 바꾸어 각각을 정의하였다.

부모와 자녀의 의사결정 권한 연속성		
부모	① 통보	부모가 학원 수강 등을 전적으로 결정한다.
	② 건의	자녀에게 의견을 말할 기회를 주지만, 부모가 통제 (규제)한다.
	③ 협의	부모와 자녀가 적극적으로 상호작용하지만, 부모의 수락이 전제된다.
	④ 지원	자녀가 의사결정을 하지만, 부모가 가이드라인을 제공한다.
자녀	⑤ 독립	자녀가 주도적으로 결정한다.

자녀와 부모 간에 의사결정(통제권)과 관련하여 생각해 보자. 첫째, ④와 ⑤는 구분하지 않고 하나로 생각해도 좋다. 자녀에게 자신의 일은 책임감을 갖고, 스스로 결정하되, 부모의 도움이 필요하면 언제든 요청하라는 태도를 보여 주자. 둘째, 자녀의 학교 단계나 발달 수준에 따라 융통적으로 접근하자. 초등학생의 경우 아직 인지적 판단력이 부족하므로, 부모가 통제권을 더 갖는 상황에서 자녀와 의사소통을 해서 결정하는 것이 자녀에게 심리적 안정을 줄 수 있다. 셋째, 현재 자녀가 지각하는 수준보다 한 단계 높은 수준에서 의사결정의 권한을 주자. 자녀에게 전적으로 독립적인 결정을 하도록 하는 것이 가장 이상적이지만 갑자기 그렇게 하면 자녀가 부담을 가질 수 있다.

3. 부모, 어떻게 해야 할까

멀리 내다보기

"내 자식이 축구 선수인데, 멀리 봐야죠."

우리나라 축구를 이끌고 있는 손흥민 선수의 아버지, 손웅정(SON 춘천 아카데미 설립자) 님이 한 말이다. 손 선수의 아버지도 프로축구 선수였지만, 발기술이 그렇게 탁월하지는 않았다고 고백하였다. 그런 모습이 자신에게도 굉장히 부끄럽고 후회가 되어, 아들에게는 공을 다룰 수 있는 기본기를 철저하게 가르쳤다. 심지어 아들에게 18세가 넘어서야 슈팅을 가르쳤다. 그는 확신에 차 말한다.

"멀리 보지 않으면 근심이 있다."

인무원려 필유근우(人無遠慮 必有近憂). 논어(論語)에 나온다. 공자(孔子)는 사람이 멀리 생각이 없으면 반드시 가까이(곧) 근심이 생긴다 했다. 눈앞의 성취에만 몰두할 뿐 앞날을 내다보는 혜안이 없으면 반드시 머지않아 근심거리가 생긴다는 뜻이다.

길게 내다보는 아버지의 신념 때문일까? 손흥민 선수는 축구 잘한다는 선수들이 다 모인 영국 프리미어리그에서 아시아 선수로는 처음으로 득점왕(2022~2023 시즌)을 했다.

결국 부모의 몫, 결단하는 부모

대한민국의 앞날은 불안하다. 세계에서 유례를 찾기 힘든 초저출산율(2023년 0.72명)이 국가의 존망을 들먹이게 한다. 2025년이면 초고령화 사회(65세 이상이 20%)가 되고 머지않아 세계에서 가장 늙은 국가가 될 것이라 전망한다.

지금도 30, 40대들은 치솟는 집값, 경제 환경의 변화 등으로 조기 퇴직, 연금 고갈 등 불안하다. 앞으로 초거대 인공지능은 지금보다 더 사람들의 일자리를 뺏을 것이다. 인공지능은 전문직조차 잠식하고, 젊은이의 5%만이 제대로 된 직장을 갖고, 평생에 걸쳐 최소한 5, 6번은 직업을 바꾸어야 한다니 지금도 힘든 부모들에게 자녀들의 미래는 더 큰 걱정거리다.

자녀들의 미래가 불안하지만 지금 10대에게 한 가지 걱정거리는 사라졌다. 우리나라에서 내놓아라 하는 몇몇 대학을 제외하면 이제 누구나 대학에 갈 수 있다. 지금도 지역에 소재한 거점 국립대학조차 신입생을 유치하는 데 애를 먹고 있다. 3~4년이 지나면 수도권 소재의 대학들도 신입생 유치가 쉽지 않을 게 뻔하다. 그런데도 부모들은 자신들이 그랬던 것처럼, 자녀들이 대학 가는 데만 최종 목적을 두어야 하는가?

자녀들은 부모가 살아온 삶의 매뉴얼로 미래를 준비할 수 없다.

이제 부모들은 자녀교육의 패러다임을 바꾸어야 한다. 자녀들이

불확실한 미래를 스스로 헤쳐 나갈 수 있는 힘을 기르도록 지원하
는 데 초점을 두어야 한다. 자녀가 스스로 주체가 되어 성적을 올리
고, 좋은 대학을 가도록 해야 한다. 초등학교, 중등학교를 다니면서
어떻게 변할지 모르는 미래에 어떤 일이 생겨도 인생의 주인이 되
어 스스로 헤쳐 나갈 수 있는 힘을 기르는 공부를 하도록 지원해야
한다.

　이제 이 책의 본론(제2장~제7장)으로 들어가기 앞서 특별히 부탁
할 게 있다. 부모들이 먼저 꼼꼼하게 읽고서 자녀 교육의 패러다임
을 리셋한 다음에, 자녀들에게 책을 넘겨 주자. 그래야 자녀가 스스
로 앞에 가고, 부모는 뒤에서 지원할 수 있다.

차례

제1장

인공지능 시대의 공부 역량

이제 대학을 나왔다고 해서 미래의 삶이 보장되지 않는다. 지금 10대(자녀)들은 불확실한 미래를 살아가야 한다. 인공지능의 발달, 인구 감소 등으로 5%만이 제대로 된 일자리를 가질지도 모른다. 어떻게 해야 할까?

인공지능 시대에 생존하고 성공하려면 '나'의 삶을 스스로 이끌어 가는 주도성을 길러야 한다. 그래야 어떤 상황이 와도 능동적으로 대처할 수가 있다. 부모들이 살아온 삶의 매뉴얼로 자녀들을 안내해서는 안 된다. 이제는 그저 밀어 넣는(push) 암기식 공부에서 벗어나야 한다. 부모들은 자녀들이 스스로 끌고(pull) 가는 공부를 하도록 해야 한다. 이 책, 『공부 주도성의 힘』이 그 길을 안내하고 있다.

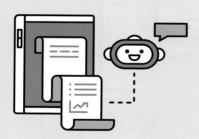

01
새 교육과정과 주도성

무엇이 그를/나를 움직이게 하는가

삶을 스스로 디자인하는 J군

J군은 인구 10만이 조금 넘는 농촌 지역의 대학에서 나노바이오
화학을 전공하였다. 고등학교 때부터 과학에 흥미가 있었고, 교내
과학 올림피아드에서 상을 받기도 했다. 그는 대학을 졸업한 지 6년
만에 네 번째 직장에 다니고 있다.

① 꿈과 목표 디자인　대학 수업 중에 생명공학을 활용한 바이오 의약
　의 중요성을 알고, 바이오 제약회사에 취업하기로 목표를 정하다.

② 첫 취업과 퇴사 → 대학원 진학　바이오 의약 제약회사에 취업하였
　으나, 신약 개발에 필요한 연구 역량을 기르고자 퇴사하고 약학대학
　원에 진학하여 석사학위를 취득하다.

③ 최고의 회사 취업 → 꿈을 이루고자 퇴사　삼성바이오 **에 취업하였
　지만, 신약 연구에 매진할 수 없어 다시 퇴사하다.

④ 신약 개발 연구원으로 새 출발　녹*자에 들어갔으나, 자신이 꿈꾸어
　온 당뇨 신약 개발을 위해 또 퇴사하다.

⑤ 소신과 역량을 인정받은 선임연구원의 삶　지금은 **제약에서 설립
　한 **ST의 당뇨 신약 개발팀에서 꿈을 펼치고 있다.

J군은 직장을 옮길 때마다 불안한 마음도 있었다. 한 직장에 오래 머물지 않는 사람이라 여기지 않을까 걱정도 하였다. 그래서 면접관들에게 자신의 꿈과 신념을 더욱 힘차게 말하였다.

> "누구나 이루고 싶은 일, 하고 싶은 일이 있다면, 우선 자신이 어떤 색깔을 가지고 있고, 어떤 강점을 가지고 있는지 스스로 돌아보는 것이 중요하다고 생각합니다. 저는 스스로 삶을 주도하고, 디자인할 수 있는 힘을 기르고자 노력하고 있습니다. 최종 목표인 신약 개발을 향해 달려갈 것이고, 인류 보건 향상에 기여하는 삶을 살고자 합니다."

J군(글쓴이 선배의 아들)은 흔히 말하는 명문대학을 졸업하지는 않았다. 그렇지만 대학을 다니면서 스스로 삶의 꿈과 비전을 찾고, 졸업한 후에도 이를 향해 주도적으로 살아가고 있다.

나는 누구인가

인간은 자신의 행위를 스스로 결정하려는 선천적 성향을 갖고 있다. 이를 자기결정 동기라 한다. 다음 문항은, 자기결정 동기의 수준에 따라 상황을 가정하여 만든 것이다. 여섯 문항 중에 내(자녀)가 공부하는 이유를 가장 잘 나타내는 곳에 ✔ 표시하자.

여섯 가지 중에 나는 어디에 해당하는가? 자기결정 동기가 낮은 곳에 반응했어도 실망하거나 걱정할 필요는 없다. 나를 객관적으로 돌아봤다면, 스스로 움직이는 방법을 찾아낼 수 있을 테니까.

나의 공부 동기 파악하기

① 공부, 그거 왜 하는 거야? 안 하면 안 되나?

② 엄마, 이번 시험 잘 보면 약속한 게임기 사 줄 거죠?

③ 부모님이 고생하시는데, 학원이라도 빼먹지 말자.

④ 나도 세계적인 테니스 스타가 되어 인터뷰하려면 영어 공부도
열심히 해야겠어.

⑤ 학생이 스스로 공부하는 건 당연한 것 아니야? 꼭 성적 때문에
공부하는 것은 아니라고 생각해.

⑥ 나는 집중해서 공부할 때가 제일 좋아. 새로운 것을 알면 희열을
느끼거든.

글쓴이가 공부 동기를 파악하고자 만든 문항은 자기결정 동기의
수준([그림 1-1])을 바탕으로 한 것이다.[1] 문항 번호와 [그림 1-1]에
표시한 번호는 그 의미가 같다.

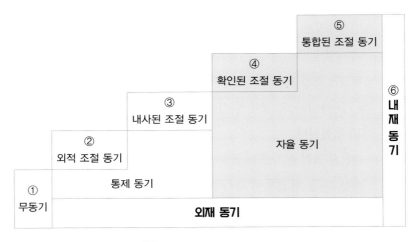

그림 1-1 자기결정 동기의 유형(수준)

자기결정 동기는 공부할 의지가 전혀 없고 그 필요성조차 느끼지 못하는 무동기(①)를 제외하면, 크게 외재 동기와 내재 동기로 나눈다. 이 중에 (공부가) 놀이처럼 정말 재밌고 즐거워서, 누가 시키지 않아도 자발적으로 공부하는 내재 동기(⑥)는 가장 높은 수준의 자기결정 동기에 해당한다.

자기결정 동기에서 핵심은 외재 동기에 있다. 외재 동기(②~⑤)를 가진 자녀들은 교사나 부모 등 외부의 힘에 의해 공부의 가치를 지각하는 편인데, 그것을 어느 정도 자신의 것으로 내면화했느냐에 따라 다시 통제 동기(②와 ③)와 자율 동기(④와 ⑤)로 구분된다. 각각의 의미를 잘 이해해 보자.

- 외적 조절 동기(②)—부모의 강요, 보상이나 처벌 때문에 공부하는 것으로, 자기결정 수준이 넷 중에 가장 낮다.
- 내사(內射)된 조절 동기(③)—공부의 의미나 가치를 어느 정도 내 것으로 받아들인(내 안으로 들어왔거나 투영된) 것처럼 보이지만, 아직도 부모, 교사의 요구나 힘이 크게 작용한다. 그래서 자기결정 동기가 낮은 편에 속한다.
- 확인된 조절 동기(④)—공부의 진정한 즐거움이나 희열을 느끼지는 못하더라도, 공부의 실용적 가치를 알고, 공부 동기를 스스로 조절한다.
- 통합된 조절 동기(⑤)—공부와 자신의 정체성(나는 공부하는 학생이다 등)을 연결하여 생각할 수 있다. 비록 최상위에 있는 내재 동기에는 못 미쳐도, 이 정도만 되어도 공부 주도성이 충분하다고 봐야 한다.

이 중에 나(자녀)는 어디에 해당하는가? 나는 지금 어디에 있는가? 자기결정 동기가 낮은 편이라 해도 괜찮다. 나를 알았으니 한 단계 한 단계 올라가면 된다. 다만 꼭 기억하자. 자기결정 동기가 높아야 삶이나 공부에서 주도성을 발휘할 수 있다.

새 교육과정, 무엇이고 어디에서 왔는가

2022 개정 교육과정

교육부에서는 초 · 중등학교 학생들을 위한 교육과정을 새로 내놓았다. 2024학년부터 순차적으로 시행되는 「2022 개정 교육과정」이 그것이다(새 교육과정이라 부르자). 새 교육과정은 왜 생겨났고, 어디에 초점을 두고 있는가? 새 교육과정의 총론에 개정의 필요성과 구성의 중점(목표)을 밝히고 있다.

새 교육과정의 시작 연도
2024년-초등 1, 2학년,
중 · 고 1학년
2025년-초등 3, 4학년,
중 · 고 2학년
2026년-초등 5, 6학년,
중 · 고 3학년

개정 요구	인공지능 기술 발전에 따른 디지털 전환, 감염병 대유행 및 기후 · 생태환경 변화, 인구 구조의 변화 등 **사회의 불확실성** 증가

⬇

구성 중점	**미래 사회의 불확실성**에 능동적으로 대응할 수 있는 능력, 자신의 삶과 학습을 스스로 이끌어 가는 **주도성** 함양

교육과정의 구성에서 중점 목표로 제시한 자신의 삶과 학습을 스스로 이끌어 가는 주도성에 주목하자. 미래 사회의 불확실성에 능동적으로 대처하려면 학습(공부)이든 삶이든 주체적으로 살아가는 능력을 길러야 한다. 이것이 새로운 교육과정이 등장한 배경이고, 지향점이다.

새 교육과정에서 핵심 개념으로 등장한 주도성(agency)은 일상생
활이나 학업생활에서 스스로 주인이 되어 살아가는 것이다. J군처
럼, 자신의 꿈과 목표를 향해 스스로 선택하고 결정하여 실행하며,
그 결과에 책임을 지며 살아가는 삶의 성향과 능력이 주도성이다.

그렇다면 새 교육과정에서 말하는 주도성은 어디에서 왔을까? 경
제협력개발기구(OECD)에서 2015년도부터 시작한 「교육 2030: 미래
교육과 역량 프로젝트」[2]에 뿌리가 있다. 이 프로젝트는 2030년쯤에
사회생활을 시작할 학생들에게 필요한 교육의 틀을 제시하고자 출
발하였는데, 2018년에 2030 학습 나침반([그림 1-2])을 내놓았다.

2030 학습 나침반

학습 나침반은, 학생들에게 공부의 초점을 어디에 두고, 어떻게
살아가야 할지 말해 준다.

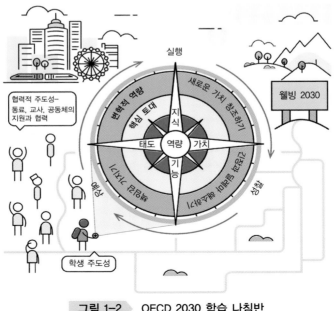

그림 1-2 ▶ OECD 2030 학습 나침반

먼저, [그림 1-2]에서 나침반의 지향점은 웰빙(well-being, 잘 살기, 참살이)이다. 웰빙은 신체 심리 정신적으로 평안한 삶을 말한다. 사회적으로는 갈등이 없고 서로 협력하면서 평등하게 살아가는 상태가 웰빙이다. 좋은 대학에 가고, 좋은 곳에 취업하려면 경쟁에서 살아남아야 하는데, 교육과 공부의 지향점을 웰빙에 두어야 한다니 현실과 너무 동떨어진 것 아닐까?

그렇지만 우리나라 10대들의 현실을 보면 충분히 이해가 간다. 청소년들에게 가장 고민거리는 공부이다([그림 1-3]). 또한 2021년에 OECD에서 조사한 바에 따르면 우리나라의 초등학교 4~6학년 학생들의 행복지수는 22개국 중 꼴찌였다([그림 1-4]). 공부와 삶의 과정이 즐겁지도, 만족스럽지도, 행복하지도 않으니 어떻게 해야 할까?

다음으로, 핵심 토대(core foundations)와 변혁적 역량(transformative competencies)이 나침반의 바탕을 이루고 있다. 핵심 토대는 문해력, 수리력, 데이터 리터러시 등을 말하는 것으로 기초적인 학습 능력을 말한다. 그리고 바깥쪽에 세 가지로 구성된 변혁적 역량(새로운 가치

순위	고민	비율
1위	공부	50.8%
2위	외모	13.3%
3위	직업	7.4%
4위	친구(우정)	6.1%
5위	신체적·정신적 건강	4.9%
6위	용돈 부족	4.8%
7위	기타 (학교·학원 폭력, 흡연, 음주, 인터넷 중독 등)	2.3%

출처: 여성가족부·한국청소년정책연구원 '2023년 청소년 통계'.

순위	국가	표준점수
1	네덜란드	115.21
2	노르웨이	114.58
3	스페인	113.98
⋮		
20	벨기에	88.47
21	체코	83.14
22	대한민국	79.5

* OECD 2021년 22개국 조사, 초등학교 4~6학년 기준.
출처: 한국방정환재단.

그림 1-3 청소년의 주요 고민(13~18세 대상)　　**그림 1-4** OECD 어린이 행복지수 비교[3]

창출하기＋긴장과 딜레마 해소하기＋책임감 가지기)이 있다. 미래의 불확실성에 대비하려면 변혁적 역량을 길러야 한다. 변혁(變革)이란 무엇일까?

> Transformation(변혁) = 바꾼다(trans) + 틀(formation)

　세상을 보는 눈, 마음의 틀(form)을 바꾸는 것이 변혁이고, 그 힘이 곧 변혁적 역량이다. 빠르게 변화하고, 불확실한 세상에서 개인적으로 잘 살고, 나와 다른 사람의 웰빙에 도움이 되려면 늘 새로운 관념, 태도, 정신을 가져야 한다.

　한편 변혁적 역량은 어떤 과정을 거쳐 기를 수 있을까? 원의 바깥에 있는 예상(Anticipation) → 실행(Action) → 성찰(Reflection)의 순환 과정을 통해 변혁적 역량을 기를 수 있다. 예상은 나의 행위가 가져올 결과(단기-장기)를 미리 따져보고, 목표를 정하는 것이다. 실행은 웰빙을 위한 구체적인 목표를 향해 시간과 에너지를 쏟아 실천하는 것이고, 성찰이란 어떤 일을 하는 과정이나 결과에 대해 반성적으로 검토하는 것이다. 무릇 행동하기 전에 예상하고, 행동한 후에는 성찰이 뒤따라야 성장하고 발전할 수 있다.

학생 주도성

　학습 나침반에서 핵심 개념은 학생 주도성(Student Agency)이다. 변혁적 역량을 기르기 위해 예상(기획)하고, 실행하고, 성찰하는 주체(Agent)는 학생이다. 그가 나침반을 들고(비추고) 있다. 새 교육과정에서 핵심어로 등장한 주도성은 어떤 뜻일까?

> **주도성 = 자기 통제적이고, 자율적인 방식으로 행동하는 역량**[4]

인생 전체에 걸쳐 자신의 삶을 스스로 만들어 가는 생애역량이 주도성이다. 주도성(력)은 스스로 목적의식을 갖고 선택하고 결정하며, 그 결과에 책임을 지고 성찰하는 등 삶의 주인이 되는 성향과 힘이다. 이를 학생에게 적용하면 다음과 같이 정의할 수 있다.

> **학생 주도성**
> **학습과 삶의 과정에서 주체적 행위자(agent)가 되는 역량**

학생 주도성이란 자기가 처한 상황 속에서 자신의 성장과 웰빙을 위해 긍정적인 목적의식을 갖고, 이를 달성하기 위해 계획하고, 학습하고, 실행하며, 그 행동의 결과에 책임을 질 수 있는 주도적 능력 및 성향을 의미한다.[5] 불확실성 시대에는 누가 정해 주거나 지시한 길을 그대로 따라가서는 행복하게 살 수도, 성공할 수도 없다. 경험해 보지 낯선 길을 스스로 찾아가려면 상황에 대한 정확한 판단과 유연한 대처 능력, 새롭고 창의적인 발상이 필요하다. 35쪽에서 본 새 교육과정의 개정 요구와 구성 중점을 다시 음미해 보자.

협력적 주도성

학생 주도성 주변에 교사, 부모, 동료가 있고, 협력적 주도성(Co-agency)이라 쓰여 있다. 협력적 주도성은 주도성이 개인을 넘어, 학부모, 교사, 친구, 학교와 지역사회로 확장된 개념이다.

주도성이 개인적 차원의 내적 역량이라면, 협력적 주도성은 자신이 속한 환경(부모, 교사, 동료 등) 속에서 서로 소통하고 협력하면서 함께 성장하고 공동의 선(善)을 추구해 가는 사회적 차원의 역량이다. 가족생활, 학교생활, 직업생활 등 사회적 관계에 참여하는 사람들은 자신이 먼저 주도성을 익히고 실천해야 한다. 그렇지 않고서는 협력적 주도성이 발현될 수도, 사회 전체의 웰빙을 기여할 수도 없다. 부모가 공동 주체자로서, 자녀 교육에 대한 패러다임을 바꾸어야 자녀들이 학업과 삶의 과정에서 주인으로 살 수 있다.

02
인공지능 시대의 성공 법칙

인공지능, 사람의 일자리를 얼마나 뺏을까

챗GPT 열풍

2023년이 시작되면서 인공지능 열풍(熱風)이 불어왔다. 미국의 비영리 인공지능연구소 Open AI에서 2022년 12월에 챗GPT 3.5[6]를 무료로 내놓았다. 새로운 인공지능은 사용자가 채팅하듯 질문하면, 학습한 빅 데이터를 바탕으로 맞춤 답안을 만들어 준다. 답을 수정해 달라 하면 그것도 해 준다. 스스로 텍스트를 생성하는 대화형 인공지능 프로그램이 세상을 뒤집어 놓으려는 듯 달려들었다.

이제 생성형 인공지능은 텍스트와 숫자 데이터에만 국한되지 않는다. 시각과 청각 정보를 처리하는 능력이 향상되어 굳이 타이핑하지 않아도 사용자들이 인공지능과 음성, 이미지로 편리하게 대화하며 복잡한 문제를 해결할 수 있게 되었다.[7] 그래서 인간의 지능과 동등하거나 그 이상의 지능을 갖는다는 인공일반지능(AGI) 시대가 임박했고, 2040년대에 도래할 것으로 예견한 싱귤래러티(Singularity)[8]가 앞당겨졌다고 말하기도 한다.

생성형 인공지능은 가짜 뉴스, 부정확성, 편향성, 연구 윤리와 정보의 신뢰 문제가 있지만, 이미 우리 삶의 곳곳을 파고들었다. 이제 인공지능이 우리 삶에 적용되는 예를 열거하는 것은 무의미하기까지 하다.

일자리 없는 혁명의 시대

　4차 산업혁명을 일자리 없는 혁명이라 말한다. 기술 혁신은 이루어지는데, 그것이 사람들의 일자리를 갉아먹는다는 뜻이다. 세계경제포럼(WEF)에서는 향후 5년 동안(2023~2027년)의 일자리를 분석한 「미래직업 보고서 2023」을 내놓았다.[9] 앞으로 그 기간 사라질 일자리는 대략 8,300만 개였고, 새로 생겨날 일자리는 6,900만 개였다. 무려 1,400만 개의 일자리가 사라진다. 특히, 인공지능 등 기술혁신으로 앞으로 5년 동안 전체 일자리의 25%가 영향을 받을 것으로 보고하였다. 우리나라도 같은 기간에 일자리의 23%가 변화를 겪게 될 것으로 내다봤다.

　한편 보고서는 은행원을 사라질 직업의 첫째로 꼽았다. 인공지능이 은행창구의 업무를 대신하게 되어 세계적으로 지금 일자리의 40%까지 줄어들 것으로 내다봤다. 우리나라에서도 은행원의 일자리가 사라지는 것을 실감하고 있다. 2023년 상반기에만 우리나라 5대 은행(KB국민은행, 신한은행, 하나은행, 우리은행, 농협은행) 종사자 중에 2,222명이 희망퇴직을 하였다.[10] 40세부터 희망퇴직을 받았고, 어느 은행에서는 30대도 희망퇴직을 받았다. 은행은 선망의 직장이었는데, 4차 산업혁명의 물결 앞에 사라져 버릴 일자리의 첫손에 꼽히고 있다.[11]

화이트칼라와 전문직의 일자리

　강력한 생성형 인공지능이 등장하면서 새로운 물음이 생겼다. 과연 화이트칼라 직업과 전문직은 자유로운가? 제4차 산업혁명을 화이트칼라의 산업혁명이라 표현하기도 한다. 골드만 삭스(Goldman Sachs)는 더 똑똑해진 인공지능에게 일자리를 내줄 분야로 사무직

(46%)과 법무직(44%)을 가장 먼저 꼽았다.[12]

최근 미국 병원에서는 놀라운 일이 벌어졌다. 챗GPT가 3년 동안 17명의 의사가 찾지 못한 7세 소년의 만성통증의 원인을 밝혀냈다.[13] 알렉스(Alex)라는 4세 아이가 지속적으로 통증을 호소하자 그의 어머니 코트니(Courtney)는 치과, 소아과, 신경외과, 이비인후과 등을 찾아 다녔지만 근본적인 원인을 찾지 못했다. 답답한 코트니는 챗GPT에게 알렉스의 모든 증상을 입력했다. 그랬더니 "계류척수증후군(tethered cord syndrome)이 아닐까요?"라는 답이 돌아왔다. 희망이 생긴 코트니는 계류척수증후군 자녀를 둔 가족 커뮤니티에 가입해 정보를 얻어, 이에 정통한 뇌소아신경외과 명의(名醫)를 찾아가 알렉스의 통증을 말끔히 해결하였다.

생성형 인공지능은 지식 기반의 일을 하는 노동자들에게 큰 위협이 되고 있다. 이들이 하는 일의 대부분은 디지털화되어 인공지능이 학습할 수 있는 형태로 저장되기 때문이다. 창조적 분야의 화가, 사진작가, 작곡가, 배우 등도 인공지능으로 대체될 가능성이 커지고 있다. 심지어 10년 후 세계 인구의 절반이 프리랜서로 살아갈 것이라 말하는 사람도 있다. 지금 10대들은 미처 경험해 보지 못한 기술 혁신 앞에 제대로 된 일자리를 갖지 못한 채 인생을 살아가야 할지도 모른다.

불확실한 미래, 누가 살아남을까

성적보다 핵심 역량

인공지능이 사람들의 일자리를 위협할 테니 교육과 공부의 틀을 바꾸어야 한다는 주장은 꽤 오래되었다. 한국교육방송(EBS)에서는 2015년에 「다큐 프라임 → 교육대기획, 시험 → 5부. 누가 일등인가」를 방영하였다. 줄거리는 이렇다.

제주도의 한적한 폐교에 스무 살 즈음의 청년 아홉이 모였다. 서로 어디 사는지, 무슨 일을 하는지 알지 못한 채, 이틀 밤 사흘 낮을 함께 지내며 세 가지 미션을 해결해야 한다.

출처: 〈EBS 다큐프라임〉 교육대기획 시험
5부-누가 1등인가.

① 방언으로 표시된 열 곳을 찾아 인증 샷 찍기-각자 30분 이내에 과제를 해결해야 하는데, 한 번만 휴대전화로 검색하거나 동네 사람에게 물어볼 수 있다.
② 동네 어른들에게 음식 만들어 대접하기-세 사람이 한 모둠이 되어, 식재료를 구해 혼자 사는 어르신이 먹고 싶은 음식을 만들어야 한다.
③ 동네에 유익한 과제를 찾아 수행하기-아홉 청년이 마을 사람들에게 도움이 되는 과제를 정해 함께 실천한다.

세 가지 미션은 경제협력개발기구(OECD)에서 제시한 DeSeCo 프로젝트에 뿌리를 두고, 우리나라 교육이 어디로 가야 할지 고민하게 하였다.

핵심 역량 정의와 선정하기
(Defining and Selecting Key Competencies)

핵심 역량이란?

인지적 지식과 실천적 기술뿐만이 아니라 태도, 감정, 가치, 동기 등과 같은 사회적 행동적 요소를 작동하여 특정 맥락의 복잡한 요구를 성공적으로 충족시키는 총체적 능력

"학교 성적이 좋은 사람이 실생활에서도 문제해결 능력이 뛰어날까?"

이 물음이 다큐를 이끌었다. 누가 일등이었을까? 참여자 중에, 두 사람은 대학수학능력시험에서 만점을 받았다. 소위 SKY 대학에 다니는 학생도 셋이나 있었다. 그러나 이들은 모니터로 미션 수행과정을 지켜본 전문 평가단의 눈에 들지 못했다. 인도에 잠시 살면서 인도어를 공부하고, 아르바이트와 배낭여행을 하면서 랩을 하는 수능 꼴찌, 우리 사회가 나갈 길을 고민하면서 대한민국 청소년 영화제에서 20회 이상 수상한 대학생, 그리고 사진, 미술, 음악을 두루 섭렵하고 싶은 예술종합학교 재학생이 1등이었다.

세 전문가가 미션마다 1등으로 뽑은 이유를 이렇게 말하였다.

"매사에 적극적이고, 앞장서 리드하는 모습이 돋보였다."
"끊임없이 소통하면서 미션을 수행하였다."
"자신이 갖고 있는 강점을 드러내려 노력했다."

다큐의 마지막 멘트가 큰 울림을 주었다.

"시험 성적 하나로 사람을 평가하는 시대는 지났다.
"성적에 얽매일 필요가 없겠다는 믿음을 가졌다."

시간이 꽤 흘렀지만, 방송 의도는 분명하였다. 인공지능이 우리 삶의 곳곳을 파고드는 지금, 자율적으로 행동하고, 서로 협력적으로 소통하면서, 함께 문제를 해결하는 역량(competency)을 기르는 교육, 그런 공부가 절실함을 일깨워 주었다. 학교 성적이 좋으면, 명문

대학에 들어가기만 하면, 미래가 보장된다는 관습적 사고와 결별하라, 이것이 4차 산업혁명 시대의 성공법칙이라 말하고 있다.

21세기 역량

세계경제포럼(WEF)에서도 21세기를 살아갈 학생들에게 필요한 역량(Skills)을 발표하였다.[14] 21세기 역량(21st Skills)은 ① 기초적 문해, ② 핵심 역량, ③ 인성적 자질로 구성되었다.

[그림 1-5]에서 중간에 위치한 핵심 역량에 주의를 기울이자. 복잡한 도전(문제)들에 어떻게 접근하는가의 능력을 말하는데, 4C로 명명하기도 한다.

첫째, 비판적 사고(critical thinking)와 문제해결력은 실제 생활에서 감정이나 편견에 치우치거나 권위에 맹종하지 않고, 객관적인 증

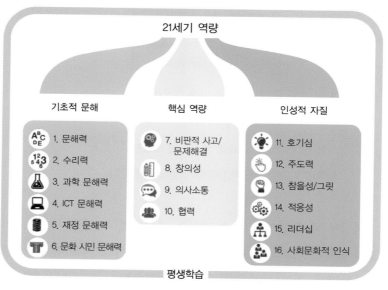

그림 1-5 21세기 역량

거에 비추어 논리적으로 사고하여 문제를 해결하는 능력이다.

둘째, 창의성(creativity)은 사물에 새롭고 혁신적으로 접근하는 능력으로 인공지능이 대체할 수 없는 인간 고유의 능력이다. 특히, 4차 산업혁명 시대는 융통성 있고 개방적으로 접근하는 창의융합형 인재를 중요하게 여긴다.

셋째, 의사소통(communication)은 일상생활이나 직무 상황에서, 상대방의 의견을 경청하고, 자신의 주장을 설득력 있게 표현하는 능력이다. 특히, 의사소통 기술은 협업에 필수적이다.

넷째, 협력(collaboration)은 공동의 목표를 향해서 다른 사람들과 함께 팀으로 일하는 집단 지성을 말한다. 이 과정에서 자신의 책임을 다하며, 갈등을 조정하고, 서로 배려하는 삶의 태도를 실천한다.

[그림 1-5]에서 평생교육이 21세기 역량을 둘러싸고 있다는 사실을 놓쳐서는 안 된다. 4차 산업혁명 시대에서 지식은 빠르게 변한다. 직업도 여러 번 바꾸어야 한다. 통계청에 따르면[15] 2023년 현재 중장년이 주된 직장에서 퇴직하는 연령이 평균 49.4세이다. 학교 다닐 때, 암기식 공부, 점수 위주의 공부에만 매달리기보다는 평생에 걸쳐 학습하는 생애능력(life skill)을 길러야 하는 이유가 여기에 있다.

어떻게 공부해야 할까

달라지는 교육, 학교

우리나라 교육에 문제가 많다고 말하지만, 국가에서 만든 교육과정만큼은 4차 산업혁명 시대에 적합한 인재를 기르도록 구성되었다. 우리나라는 「2015 개정 교육과정」에서부터 초·중등학교 교육과정을 창의융합형 인간을 인재상으로 정하고, 핵심 역량을 중심으

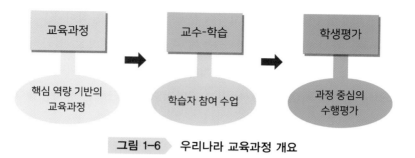

그림 1-6 우리나라 교육과정 개요

로 설계하였다.

이제 지식의 양으로 사람의 능력을 평가하는 시대는 지났다. 인터넷이 만들어 낸 초연결 사회에서는 시간과 공간에 제한받지 않고 원하는 지식을 얻을 수 있다. 초거대 생성형 인공지능이라는 괴물이 등장하여, 굳이 검색하지 않고도 질문만 잘 하면 원하는 답을 마음껏 얻을 수가 있다. 또한 지금은 혼자서 많은 지식을 습득하려고 애쓰기보다는 다른 사람과 소통하면서 공감하는 가운데 문제를 해결하는 하이터치(high touch) 시대이다. 다양한 아이디어를 결합하여 새롭게 창조하는 하이콘셉트(high concept) 시대이다. 교과서에 나온 지식 중심의 하드 스킬(hard skill)보다는 비판적 사고, 창의적 사고, 의사소통과 협업능력 등 소프트 스킬(soft skill)을 중시한다.

지금 학교에서는 교사가 교과서의 내용을 일방적으로 전달하고, 학생들은 교사의 설명을 받아 적는 모습을 찾기 어렵다. 그보다는 학생들이 모둠을 만들어 함께 토의하고, 문제를 해결하는 방식으로 학생 참여(중심)의 수업을 진행한다.

학생평가도 마찬가지이다. 학생의 학업성취를 평가하기 위해 무엇을 얼마나 더 아는가에 초점을 두고, 공부한 내용을 선택형 답지에서 고르게 하는 시대는 지났다. 학습하는 과정에서 학생들이 실제로 보여 주는 수행(performance)을 중심으로 평가한다. 이것을 과정 중심의 수행평가라 한다.

스펙 쌓기의 종언(終焉)

과정 중심의 수행평가는 우리나라의 인재 채용 방식에도 스며들었다. 지금 자녀를 두고 있는 40대 전후의 부모들이 대학을 다니고 취업할 때를 떠올려 보자. 학점을 잘 받고 자격증을 따는 것은 기본이고, 외국어(토익, 토플) 점수를 올리기 위해 갖은 노력을 하였다. 시간과 돈을 들여 어학연수를 갔다 오느라 졸업을 미루기도 하였다. 취업을 위한 스펙 쌓기가 대단한 시절이 있었다.

지금은 어떤가? 완전히 바뀐 것은 아니지만 사뭇 달라졌다. 기업들도 신입사원을 채용할 때 스펙보다는 핵심 역량을 중심에 둔다. 출신 대학을 배제한 블라인드 채용을 하고, 지원자들끼리 토론을 하게 한다. 경험에 바탕을 둔 프로젝트를 발표하거나 인공지능 면접도 한다. S그룹에서는 자체적으로 만든 인·적성 검사를 시행한 지 오래되었다. 학교에서 시행하고 있는 과정중심의 수행평가를 적용하여 인재를 선발하는 셈이다. 앞에 소개한 J군도 역량 중심, 과정 중심의 평가에서 빛을 볼 수 있었다.

끌어내는 공부의 시대

국가 교육과정의 틀, 인재 채용 방식이 바뀌면 공부 방식도 달라져야 한다. 특히, 인공지능의 시대에 평생학습 능력, 생애 역량을 기르자면 어떻게 공부해야 할까?

인공지능 시대에 인간의 고유 능력인 창의성을 계발하기 위해서는 더 이상 밀어 넣는(Push) 공부에 매달려선 안 된다. 단편적인 지식을 무조건 암기하는 공부, 선다형 문제를 잘 풀어 좋은 점수를 받는 데 초점을 둔 공부로는 불확실한 미래에 대처하기 어렵다.

> **밀어 넣는 공부 → 끌어내는 공부, 내가 끌고 가는 공부**

이제 공부 패러다임을 바꾸자. 끌어내는(Pull) 공부를 하자. 글쓴이는 주도성의 의미에 맞게 '내가 끌고 가는 공부'라 부를 것을 제안한다(밀어 넣는 공부는 '끌려가는' 공부이다). 공부하는 목적이나 동기를 높은 수준에서 자율적으로 정하고, 공부하는 전략을 스스로 찾아내어 실천하는 것이 끌고 가는 공부이다. 이렇게 공부해야 평생학습 능력을 기를 수 있다.

글쓴이가 밀어 넣는 공부는 그만하고, 끌고 가는 공부를 하자 하니 오해할까 봐 짚고 넘어갈 게 있다. 우리나라 교육 상황에서, 학교 성적이 필요 없다는 말은 절대 아니다. 대학 가는 것에만 목적을 두고, 수동적인 암기 중심으로 밀어 넣는 공부만 하면 인생 전체에는 별로 도움이 되지 않는다는 것을 강조하고자 한다. 왜 그럴까? 이제 대학이 끝이 아니다. 몇몇 대학을 제외하면 대학은 누구나 갈 수 있다. 그렇지만 대학을 나와 잡은 직업(장)이 언제 없어질지도 모르고, 한번 직장이 평생 직업이 될 수도 없다. 그래서 대학 이후의 삶에서, 어떻게 변할지 모르는 불확실한 미래에 생존하고 성공하는 데 필요한 역량을 기르는 공부가 더 중요하다.

03
공부 주도성의 시대

공부 패러다임, 어떻게 바꿀까

미래가 불안한 대한민국

다시 새 교육과정으로 가보자. 미래의 불확실성이 새로운 교육과정을 낳은 배경이다. 불확실성이란 인간이 가진 정보로는 어떤 현상이 벌어질지 모르는 상태를 뜻한다. 지금, 그리고 앞으로 대한민국의 미래를 가장 불확실하게 만드는 요인은 무엇인가? 단연코 인구 문제이다.

대한민국의 합계 출산율(가임기 여성의 평생 예상 자녀 수)은 1명 이하다. OECD 국가(2022 평균 1.58명) 중에 유일하다. 2023년에 0.72명으로 떨어졌고, 2024년에는 0.6명대가 될 것으로 예측된다.[16] 2070년쯤에는 지금 인구의 70% 수준인 3,622만 명으로 쪼그라들고, 2,700년경에는 대한민국은 지구상에서 없어진다는 국가 소멸론까지 등장하였다. 14세기에 유럽을 덮친 흑사병이 몰고 온 인구 감소를 능가하고, 그래서 대한민국은 망했다고 탄식하는 전문가도 있다.

또 우리나라는 2023년 현재 70대 인구가 20대 인구를 초월하였고, 2025년에는 전체 중에 65세 이상의 인구가 20%를 차지하는 초고령화 사회에 접어들 것이 확실하다. 인구 노령화가 빠르게 진행되어 세계에서 가장 늙은 국가가 될 것이라 전망된다. 인구가 역삼각형 구조를 이루어, 지금 30, 40대들이 은퇴할 시점이면 연금기금이 고갈될지도 모른다. 그렇게 되면 지금 10대들이 직장생활을 할 때에는 매월 받는 보수 중에 30~40%를 연금 기금으로 내놓아야 한다고 걱정이다.

인구 문제는 벌써부터 이곳저곳에 영향을 주고 있다. 학생이 없어 문을 닫는 유치원과 초등학교는 해마다 늘어나고 있다. 대부분의 대학들은 학생 충원에 몸살을 앓고 있다. 2045년쯤 되면 수도권 대학과 거점 국립대학을 제외하고, 대부분의 사립대학이 문을 닫아야 할 판이다. 국가 수호에 필요한 병력이 모자라 여성들도 국방의 의무를 져야 한다는 주장이 고개를 들기 시작하였다.

10년, 20년 후 사회생활을 시작하고 가정을 꾸릴 지금의 10대들은 어떻게 살아가야 할까? 경제성장은 2%도 버겁고, 장기 침체의 늪에 빠질지도 모른다니 어떡하나? 인공지능이 더 발달하면 일자리 경쟁이 더 극심해질 것 아닌가? 지금 부모로 살아가는 30, 40대들도 경제 불황, 일자리 불안, 치솟는 집값, 노후 준비로 걱정이 태산인데, 더 불확실한 미래를 살아갈 세대(자녀)들은 어떻게 해야 할까?

의과대학 열풍

챗GPT 3.5가 등장하여 세상을 깜짝 놀라게 할 그때부터 공교롭게도 대한민국에는 의과대학 열풍이 불어왔다. 자녀들이 살아갈 미래는 어떻게 변할지 모른다는 부모의 불안감이 크게 영향을 미쳤다. 미래가 불안하니 내 자식 만큼은 오랫동안 안정적으로 일할 수 있고, 평생 수입이 많고, 사회적 지위도 높은 의사 직업을 갖게 하려는 부모의 바람이 크게 작동하였다. 어느 사설학원 조사에 의하면, 학부모 열에 아홉은 자녀가 의학계열이나 이공계열에 진학하기를 원하였다(초등학생 학부모 92.3%, 중학생 학부모 84.4%).[17] 초등학생 부모들이 더 그랬다.

그래서일까? 서울 강남의 학원가에 초등 의대반이 선을 보이더니 지방 소도시까지 들불처럼 퍼졌다. 소수 정예반에 가려면 레벨 테스트까지 거쳐야 한다.

의과대학 열풍은 대학 입시에서도 뚜렷하다. 2024학년도 대학 수시 모집에서 의과대학의 경쟁률은 45.59 대 1이었다.[18] 반면에 정시 모집에서 서울 소재 명문대학의 공학 계열 첨단학과(시스템 반도체공학과 등)는 3차에 걸친 추가 합격자들로 정원을 채웠다.[19] 이 중에는 우리나라에서 으뜸가는 대기업에서 대학 졸업 후에 취업을 보장해 주는 조건으로 설립한 계약학과들도 있었다. 의과대학이 블랙홀이 되어 공대 엑소더스를 만들었다.

이쯤에서 2023년 11월 한국은행에서 내놓은 보고서(AI와 노동시장 변화)에 주의를 기울여 보자. 보고서는 우리나라에서 직업별로 인공지능에 취약한 노출 지수를 처음으로 산출하였다([그림 1-7]).

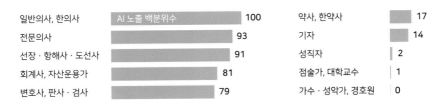

일반의사, 한의사	AI 노출 백분위수	100	약사, 한약사		17
전문의사		93	기자		14
선장·항해사·도선사		91	성직자		2
회계사, 자산운용가		81	점술가, 대학교수		1
변호사, 판사·검사		79	가수·성악가, 경호원		0

그림 1-7   **AI로 대체될 가능성이 큰 직업 순위**

출처: 서울경제, 2023. 11. 16.

고학력·고소득 직업들이 인공지능 기술로 대체될 가능성이 가장 크다. 일반의사·한의사는 노출 지수가 100%이고, 전문의사는

93%다. 의사가 인공지능에 가장 취약한 직업이라는 이야기다. 왜 그럴까? 인공지능은 반복적이지 않으면서 인지적으로 분석하는 업무를 주로 수행하기 때문이다.[20]

한국은행 보고서는 무엇을 말해 주는가? 과연 지금 초·중등학교를 다니는 학생들이 직장생활을 하고, 결혼하여 자녀를 키우는 2040~2050년쯤에도 의사 직업은 지금처럼 블루오션일까? 하물며 정부에서는 의과대학 입학 정원을 대폭 늘리는 정책을 펴고 있는데 말이다.

위대한 리셋

이제 근본적인 질문이 필요하다. 과연 안정적인 시대에, 부모가 살아온 삶의 메뉴얼이 알파세대(2010년 이후 출생)에게도 그대로 들어맞을까? 이제 자녀 교육에 대한 부모의 패러다임이 바뀌어야 한다.

세계경제포럼을 창시한 클라우스 슈밥(Klaus Schwab)은 2023년 년차 총회에서 위대한 리셋(The great reset)[21]을 화두로 던졌다. 코로나 19 이후 인류 사회의 모든 영역에서 나타날 새로운 틀(뉴 노멀, New normal)을 예시하면서, 우리의 믿음과 신념을 진지하게 재고해 보는 지혜가 필요하다고 주장하였다.

"우리는 변해야 한다. 그럴 수 있을까? 우리는 지금 중대한 기로에 서 있다."

인공지능 시대, 불확실한 미래를 살아갈 세대들을 위한 교육, 공부의 뉴 노멀은 무엇인가? 부모들은 어디에 초점을 두고 자녀교육의 패러다임을 리셋하여야 하는가?

이제 대학 4년간 배운 지식으로 평생 일하는 시대는 지나갔다. 미래학자들은 지금 10대들은 평생에 걸쳐 20개 이상의 직업을 갖게 되는 시대에 살 것이라 전망한다. 20개라니? 과장처럼 들리지만, 40세부터 시작되는 은행원의 희망퇴직을 보면 터무니없는 이야기만은 아니다. 30대인데도 벌써 직장을 2~3번 옮긴 사람도 꽤 많다.

대학을 넘어(Beyond University)

삼성 그룹에서 세운 충남삼성고등학교의 슬로건이다. 고등학교 재학 기간은 단지 대학을 진학하기 위한 수단이 아니라, 인생 전체를 품격 있고, 능력 있는 사람으로 사는 역량을 기르는 시기라는 교육철학이 담겼다.

알파 세대의 부모들은 20년, 30년 전에 자신이 해왔던 방식대로, (더 좋은)대학에 들어가는 데만 목표를 두어서는 안 된다. 자녀가 '인(in) 서울 대학', 'SKY 대학'에 들어가면 첫 직장을 잡는 데 유리할 수 있지만 거기까지다(글쓴이의 속단인가?). 지금과 같은 대학 입시가 바뀌지 않는 한 성적 중심의 경쟁을 무시할 수는 없지만 그것에만 매몰되어서는 안 된다. 부모들은, 자녀들이 인생 전체에 걸쳐 성공적으로 살아가도록 지원하는 눈을 가져야 한다. 자녀들이 공부와 삶에서 스스로 주인이 되어 살도록 안내해야 한다.

공부 주도성, 무엇인가

자기주도적 학습과 공부 주도성

공부 주도성과 자기주도적 학습은 다른 것일까? 모두 '주도'라는 낱말을 포함하고 있어 구분하기가 쉽지 않다. 자기주도적 학습은 학습목표의 설정, 학습실행, 학습결과에 대한 평가 등 학습 방향과 과정을 스스로 결정하고 이끌어 나가는 것이다. 이렇게 공부하면 충분하지 않을까?

자기주도적 학습에서도 학습자의 주체적 역량이 강조되지만 공부 주도성에 비해 뜻이 좁다. 먼저 상황 1과 상황 2로 구분해 보자.

 상황 1(공부 주도성)

엄마: 엄마가 잘 가르쳐 주는 수학 과외 선생님께 부탁했다.
　　　이번 주부터 화요일, 목요일 두 번 오실 거야.
자녀 1: 엄마, 알겠어요. 열심히 공부할게요(실제 열심히 한다.).
자녀 2: 엄마, 수학은 지금도 1등급이니, 스스로 해도 돼요.
　　　부족한 부분은 EBS 강의로 보충하면 충분해요.

상황 1에서, 자녀 1은 공부해야 할 과목과 방법(수학 과외)을 다른 사람(엄마)이 정해 주었는데, 그대로 잘 실행하고 있다. 이 경우 자기주도적 학습(그 뜻에 100% 맞는 것은 아니지만)을 실천하고 있다고 말할 수 있다.

반면에, 자녀 2는 어떻게 공부해야 할지 스스로 선택하고 결정하는 주도성을 갖고 있다. 공부 주도성은 누가 정해 주는 것이 아니라 스스로 결정하고, 실행하고, 책임지는 것까지 포함한다. 상황 2를 통해 공부 주도성을 더 이해해 보자.

 상황 2(삶 주도성)

엄마: 여름 방학 시작하면 제주도로 가족 여행 가자. 방학 첫 주
에는 친구들과 약속 잡지 마라.

자녀 1: 엄마, 알겠어요. 고마워요.

자녀 2: 엄마, 좋아요. 그런데 또 제주도 가요. 어디로 가면 좋
을지 가족회의 해서 결정하면 좋겠어요. 장소 정해지면
숙소 예약하고, 여행 코스 잡는 것은 저희가 할게요. 여
행 갔다 와서 디지털 앨범도 만들게요.

자녀 2는 공부만이 아니라 삶 전체(가족생활 등)를 주체적으로 살아
가는 성향이 있다. 이렇게 주도성은 자기주도적 학습을 넘어 삶의
모든 영역에서 주인으로 살아가는 것이다. 학업을 포함하여 자신의
삶을 주체적으로 설계하고 살아가는 힘, 그것이 주도성이다.[22]

공부 주도성과 통합적 생애 역량

공부 주도성(Learning Agency)은 글쓴이가 만든 용어이다. 새 교육
과정에 맞게 학업생활을 하려면 공부의 전 과정에서 주체자가 되어
야 한다.

잠깐! 공부 주도성에서 영어 표현을 study라 하지 않고 learning
이라 한 이유를 공유하고 넘어가자. 공부라 하면 성적 올리는 일과
연결 짓는 경우가 있지만, 인생공부나 마음공부처럼 더 나은 삶을
위한 변화, 즉 학습에 본질적인 목적이 있다. 그렇다면 학습 주도성
이라 하지 굳이 공부 주도성이라 했을까? 글쓴이가 공부 주도성이

라 한 것은 '공부'의 독자성을 강조하려는 데 이유가 있다. '학습'이
라 하면, 교수–학습이라 말할 때처럼 공부가 다른 활동의 대응적 성
격 내지는 부차적 활동으로 인식될 수가 있다. 그렇지만 '공부'라 하
면 자녀(학생)가 독자적으로 수행하는 활동이라는 뜻이 부각된다.
현실에서는 그렇지 않다고? 그래서 공부에 '주도성'을 붙였다.

공부 주도성을 두 단계로 이해해 보자.

 공부 주도성–정의 1

공부의 목표를 주체적으로 정하고, 실행 방안을 스스로 찾아 실천한
다음에, 그 과정과 결과를 성찰하는 역량

공부 주도성은 공부하는 목표의 설정–실행–과정과 결과의 성찰
에서 내가 주체가 되어 이 세 가지를 균형 있게 실천하는 역량을 말
한다. 그런데 이 정의가 새 교육과정에 나온 주도성을 온전히 담았
다고 볼 수 있을까?

> **삶과 학습을 스스로 이끌어 가는 주도성**

새 교육과정의 총론에서는 주도성 앞에 삶과 학습(공부)을 함께
썼다. 공부 주도성을 중요하게 생각하고 제대로 실천하려면 이 대
목을 놓쳐서는 안 된다. 공부와 삶을 통합하여 공부 주도성을 정의
해 보자.

공부 주도성-정의 2

공부와 삶의 과정에서 주체가 되어 스스로 목표를 정하고, 실행 방안
을 찾아 실천한 다음에, 그 과정과 결과를 성찰하는 통합적 생애 역량

글쓴이가 공부 주도성이라는 표현을 생각해내고 그 실천 방법을
제안하려고 이 책을 쓴 결정적인 동기가 정의 2에 담겨 있다. 이 정
의에서 가장 핵심적인 어휘는 통합적 생애 역량이다. 교육과정 총론
의 표현(삶과 학습을 스스로 이끌어 가는 주도성)에 맞게 공부와 삶을
통합하는 생애 역량을 기르는 것이 공부 주도성이다. 이런 뜻에서,
글쓴이는 학생들과 학부모들을 만날 때 이렇게 강조하여 왔다.

"공부와 인생은 하나다."

이 명제를 아래 그림으로 표현하였다. 두 글자 사이에 있는 기호
에 주목하자.

공부   =   삶
→

공부와 삶(인생)은 하나(=)이다. 그리고 공부의 과정과 결과는 삶
의 역량으로 옮겨 가야(→) 한다. 성적을 넘어 사람으로서 성장하게
하고, 불확실한 삶의 과정에서 스스로 길을 찾을 수 있는 힘을 길러 주
는 공부가 진정한 공부다. 결국 삶의 역량으로 전이(轉移, transfer)하
고, 통합되는 공부를 해야 한다.

공부 주도성의 통합 역량은 공부의 전 과정에서 스스로 주체자가
되어야 실현될 수 있다. 공부의 목적도 내가 정하고, 그 실행 방법도
스스로 찾아내고, 공부의 결과까지도 내가 주체가 되어야 한다. 특
히, 공부의 과정에서 온전하게 주체자가 되어야 공부와 삶을 통합할
수 있는데, 내가 끌고 가는 공부, 나를 끌어내는 공부가 그 길이다. 또
그렇게 해야 불확실한 미래에 '잘' 살 수 있는 생애 역량을 기를 수
있다.

공부 주도성, 어떻게 실천할까

공부 주도성의 구성 요소

일상생활이든 학업 과정에서든 주도성을 기르려면 어떻게 해야
할까? 네 가지 요소를 고루 실천해야 한다.[23]

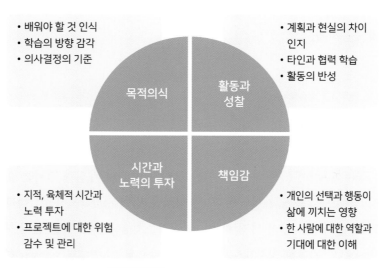

그림 1-8 주도성의 구성 요소

① 목적 의식(Purpose) 목적 설정(의식)은 학습과 성장, 진로 개척을 위한 원동력이다. 학교에서 공부를 하든, 학원에서 수강을 하든, 스스로 목적의식을 분명하게 가져야 한다. 주도성을 가진 사람은 스스로 선택하고 결정한다.

② 투자(Investment) 투자는 실행력을 말한다. 목적을 달성하기 위해서는 시간과 노력을 들이고, 어려움을 극복하려는 끈기, 의지가 필요하다. 아무리 목표를 근사하게 세웠어도 실행하지 않으면 모두 헛일이다. 공부와 삶에서 성공하지 못하는 사람도 목표가 없는 것은 아니다. 실행력이 부족할 뿐이다.

③ 성찰(Reflection) 공부하는 과정에서 내가 아는 것은 무엇이고, 모르는 것은 무엇인지 분간할 수 있어야 진짜 공부를 한 셈이다. 또 주도적인 공부를 하려면 나의 강점과 약점을 스스로 파악할 수 있어야 한다. 이렇게 메타인지 공부를 하면 성찰적 삶(Reflective life)의 능력을 키울 수 있다.

④ 책임(Responsibility) 스스로 선택하고 결정하면 책임을 져야 한다. 책임이란 자신의 행위와 역할을 정확하게 인식하고, 자신의 행동이 가져올 결과를 예측하고, 그 결과를 긍정적이든 부정적이든 수용하는 것이다. 책임의식이 있어야 성장하고 발전할 수 있다.

이 책의 구성: 공부 주도성 체계

이 책에서 제1장은 서론에 해당한다. 이를 바탕으로, 제2장에서부터 제7장까지 공부 주도성의 실천 전략을 담았다. 그것들의 책의 구성 체계를 이해하자.

PIR 공부 주도성				
구성	핵심 가치 핵심 개념	공부 목표 (P)	공부 실행 (I)	공부 성찰 (R)
제2장 플랫폼 공부하기	초연결성	●	●	●
제3장 질문 공부하기	호모 프롬프트	△	●	△
제4장 공부 성찰하기	메타인지	●	●	△
제5장 논술 공부하기	할루시 네에션	△	●	△
제6장 공부 향유하기	호모 루덴스	△	●	△
제7장 루틴 실천하기	분초사회	●	●	●

	예상(A)	실행(A)	성찰(R)
2030 학습 나침반	예상(A)	실행(A)	성찰(R)
주도성의 구성 요소	목적의식 (P)	투자 (I)	성찰(R) 책임(R)

첫째, 각 장은 인공지능 시대의 핵심 가치(핵심 개념)를 바탕으로 설정하였다. 핵심 가치란 인공지능 시대에 행복하고 성공적으로 살아가기 위해 소중하게 생각해야 할 삶의 원칙이나 정신을 말한다. 핵심 가치를 내면화해야 그와 관련된 공부 주도성 전략을 잘 실천할 수 있다.

이 책의 제목에 '인공지능 시대의 공부법'을 붙인 이유가 여기에 있다.

둘째, 공부 주도성을 PIR 공부 주도성이라 이름 붙였다. PIR란 공부 목표(Purpose)-공부 실행(Implementation)-공부 성찰(Reflection)에서 영어 낱말의 첫 철자를 조합한 것이다. PIR는 2030 나침반을 구성하는 A-A-R 순환 과정([그림 1-2])과 주도성을 구성하는 요소들([그림 1-8]) 중에 공통적인 것을 조합한 것이다. 각 장은 세 가지 요소를 두루 포함하지만, 진한 원(●)으로 표시한 것이 중점적으로 실천할 요소이고, 삼각형(△)은 부가적인 실천 요소이다.

이제 공부 주도성의 세계로 여행을 가 보자.

제2장

플랫폼으로 주도하는 공부

초연결성의 정신으로 공부하자

　지금 우리는 인터넷과 스마트폰으로 시간과 공간을 초월하여 연결된 삶을 살고 있다. 4차 산업혁명 시대를 살아가는 사람들에게 초연결 삶의 대표적인 수단은 플랫폼이다. 플랫폼에서 물건도 사고, 예약도 하고, 여가 활동도 즐긴다.

　학생들이 날마다 반복하는 공부도 플랫폼을 활용하면 좋지 않을까? 글쓴이가 교과서 읽기 전략(SQ3R)을 바탕으로 만든 공부 플랫폼으로, 수업의 과정(수업 전-수업 중-수업 후)을 하나로 연결하여 공부해 보자. 이 플랫폼에는 공부 주도성의 모든 요소가 다 들어 있어 잘 실천하면 공부와 삶의 주인이 될 수 있다.

　글쓴이는, 학생들이 실제 학업생활에서 공부 주도성을 기르고 실천하도록 『공부 플랫폼 노트』(책자리 출판사, 2024. 12.)를 따로 만들었다. 공부 플랫폼 노트를 사용하여 공부와 삶의 주인이 되어 보자.

01
공부 주도성과 초연결성

공부 주도성, 어디서 출발할까

초연결성과 플랫폼

4차 산업혁명 시대의 핵심 가치는 초연결성(Hyper-Connectivity)[1]
이다. 인터넷이 발달하여 직접 만나지 않고도, 사회관계망 서비스
(social network service: SNS)를 통해 소통하고 정보를 주고받는 관
계의 삶, 연결의 삶을 살고 있다. 물건을 살 때도 오프라인 매장을
여기저기 찾아다니기보다 시간과 노력을 줄여 주는 온라인 플랫폼
(platform)을 활용한다. 초연결성의 상징인 플랫폼은 경제 활동을 포
함하여 일상생활에서 두루 쓰이고 있다.

본래 플랫폼은 반복적인 활동을 쉽게 수행하도록 도와주는 공간
이나 구조물이다. 역에서 기차를 타고 내리는 곳, 나로호 발사체를
쏘아 올리는 발사대도 플랫폼이다. 요새는 인터넷이 발달하여 플랫
폼이라 하면 온라인 플랫폼을 떠올린다. 온라인 플랫폼으로 시간
과 공간을 초월하여 반복적인 활동을 할 수 있다. 집에서 편하게 영
화도 보고, 증명서를 발급받고, 여행 예약을 하는 것도 플랫폼이 있
기 때문이다. 유튜브로 정보도 얻고 재미를 즐기는 것도 마찬가지
이다. 식료품이나 생활용품을 살 때에도 전통시장이나 동네 마트에
가지 않고 인터넷 플랫폼에서 편하게 구매할 수 있다.

공부의 초연결(삼위일체) 사고

글쓴이는 대학에서 학생들을 가르치고, 공부방법에 관한 책을 쓰거나, 학부모와 학생들을 만나 워크숍을 진행하면서 공부의 삼위일체 정신을 강조해 왔다. 삼위일체(三位一體)란 "세 가지의 것이 하나의 목적을 위하여 통합되는 일"이다.

"학교 수업을 중심으로 예습과 복습을 철저하게 했어요."

이 멘트가 공부의 삼위일체를 말해 준다. 방송용 멘트라 여길 수도 있겠지만, 공부를 잘하려면 수업 참여, 예습, 복습 이 세 가지를 하나로 연결하여야 한다. 학원이다, 학습지다, 아무리 사교육에 많은 시간과 비용을 들여도 성적이 신통치 못한 것은 삼위일체(연결성) 사고를 공부의 중심에 놓지 않기 때문이다.

이제 공부의 삼위일체를 공부의 초연결성으로 바꾸어 부르자. 초연결성은 지금 시대를 떠받치는 핵심 가치이니까. 또 이 책의 핵심 주제인 주도성을 강조하여 수업 과정에 '공부'라는 표현을 쓰자. 예습은 수업 전 공부, 수업 참여는 수업 중 공부, 복습은 수업 후 공부, 이렇게 부르자.

그림 2-1 ▶ 공부의 초연결성과 주인의식

왜 이렇게 불러야 할까? 예습이라 부르면, 교사가 주체인 수업(엄밀히 교수 활동)에 참여하기 위한 부차적인 활동(수단)으로 여기기 쉽다. 그러면 예습은 해도 그만, 안 해도 그만이라 생각하게 된다.

수업 참여도 그렇다. 수업을 이끌어 가는 주체는 교사이고, 학생들은 참여자라는 인상이 짙다. 그러면 학생들이 수업에 대해 주인의식을 갖기 어렵다. 수업은 교수 활동과 학습 활동이 조화를 이루어야 한다. 특히, 학생들이 수업은 받는 것이라 생각하면, 수동적일 수밖에 없다. 수업 참여를 수업 중 공부라 하면 수업에 더 능동적으로 참여하고, 몰입할 수 있다. 수업은 내가 하는 것이다.

복습도 마찬가지이다. 수업 전 공부와 수업 중 공부를 묶어 나의 지식(내 것)을 만드는 활동이 복습이다. 복습이야말로 온전히 내가 주인이 되는 공부 활동이다. 그러니 수업 후 공부라 하자.

결국 수업의 모든 과정을 공부라고 표현하면 내가 모든 온전히 주인이라는 생각을 가질 수 있다. 그것이 4차 산업혁명의 핵심 원리인 초연결성을 공부에서 실천하는 비결이다.

공부 플랫폼, 왜 필요한가

일상생활에서 초연결성의 원리를 구현한 것이 플랫폼이라면 학생들 삶의 뼈대인 공부에도 플랫폼이 필요하지 않을까? 이런 의문을 풀고자 공부 플랫폼을 생각해냈다. 공부 플랫폼(03)은 제1장에서 정의한 공부 주도성을 실천하기 위한 기본적이고 종합적인 틀이다.

"공부의 전 과정을 주도적으로 실행하는 사고 체계이자 일관된 틀"

먼저, 한 가지 짚고 넘어갈 게 있다. 글쓴이가 만든 공부 플랫폼은 온라인 시스템은 아니다. 최근 사교육 업체에서 시간과 공간에 구애받지 않고 공부하도록 만든 시스템은 더더욱 아니다. 글쓴이가 말하는 공부 플랫폼은 국어, 영어, 수학 등 모든 교과에 대해, 수업 전 공부–수업 중 공부–수업 후 공부를 하나로 연결하여 주도적으로 실천할 수 있는 틀이다.

그렇다면 읽기 전략에 바탕을 두고 글쓴이가 고안한 공부 플랫폼을 실천하면 어떤 이점이 있을까?

첫째, 공부의 동기 없음을 상쇄시켜 준다. 아침 일찍 일어나지 못하는 것은 의지가 없어서만은 아니다. 알람 시스템을 활용하면 쉽게 일어날 수도 있다. 공부도 마찬가지이다. 공부 플랫폼을 잘 활용하면, 동기나 의지가 부족하다는 비난을 받을 일이 없다. 플랫폼(시스템)대로 실천하면 주도적으로 공부할 수 있다. 꼭 기억하자. 성공과 실패는, 의지도 중요하지만 시스템, 구조를 갖고 있느냐, 그렇지 않느냐가 결정한다.

둘째, 공부의 지렛대가 될 수 있다. 지렛대는 작은 힘으로도 무거운 물체를 거뜬히 들게 해 준다. 공부란, 어떤 과목이라도 책을 읽고, 이해하고, 정리하여 내 것으로 만드는 활동이다. 교과서 읽기 전략인 SQ3R(02)에 바탕을 두고 만든 공부 플랫폼을 장착하면 공부라는 무거운 짐을 거뜬히 들어 올려 내 것으로 만들 수 있다.

셋째, 공부 루틴을 실천할 수 있다. 루틴은 규칙적으로 하는 일의 통상적인 순서와 방법, 판에 박힌 일이다. 공부 플랫폼은 수업 전 공부, 수업 중 공부, 수업 후 공부의 루틴을 만들고 실천하는 데 도움을 준다. 삶의 루틴이 그런 것처럼 처음에는 어렵지만, 어떤 틀 속에서 의식적으로 노력하다 보면 나중에는 의식하지 않아도 습관적으로 실천할 수 있다. 이것을 자동화라 하는데, 공부 플랫폼은 공부의 자동화를 가능하게 해 준다.

넷째, 공부 플랫폼을 친구들과 함께 활용하면, 공부의 시너지 효과를 낼 수 있다. 플랫폼의 핵심은 공유이다. 친구들과 공부 플랫폼을 함께 실천하면 함께 성장하고, 협력적 주도성을 키울 수 있다. 그래서 공부 플랫폼을 여러 가지 제시하는 중에 친구와 함께 하는 협력형(89쪽)을 만들었다.

공부 플랫폼을 잘 활용하여 초연결성의 가치를 중심에 두고 공부하는 습관을 들이자. 그러면 성적도 올리고, 학업생활에서 주인이 될 수 있다.

✿   ✿   ✿

첫째, 공부는 초연결성의 정신으로 해야 한다.

둘째, 수업 전 공부, 수업 중 공부, 수업 후 공부라 부르자.

셋째, 공부 플랫폼은 공부를 일관되게 실행하는 틀, 구조이다.

넷째, 공부 플랫폼은 공부 주도성의 기반이다.

다섯째, 공부 플랫폼은 동기가 부족한 것을 상쇄해 준다.

여섯째, 공부 플랫폼은 공부의 지렛대이다.

일곱째, 공부 플랫폼은 공부 루틴을 몸에 배게 해 준다.

02(SQ3R 읽기 전략)에서는 공부 플랫폼의 토대가 되는 SQ3R의 원리를 확실하게 이해하자. 그래야 글쓴이가 만든 공부 플랫폼을 공부의 전 과정에서 통합적으로 실천할 수 있다.

02
SQ3R 읽기 전략

교과서 공부, 어떻게 실천하고 있는가

초연결성을 바탕으로 공부 주도성을 기르려면 무엇부터 실천해야 할까? 바로 교과서 공부이다. 수업 전 공부-수업 중 공부-수업 후 공부를 하나로 연결하는 매개체가 바로 교과서이다. 이제 [그림 2-1]을 [그림 2-2]처럼 바꾸어 생각하자.

수업 전 공부　　　교과서 공부　　　수업 후 공부

수업 중 공부

그림 2-2　교과서 중심의 공부 연결성

글쓴이가 학교 다닐 때, 선생님께서 강조하신 말씀이 새롭게 다가온다.

"교과서는 군인의 총과 같다."

공부의 기본은 교과서이다. 학습지나 학원 교재도 결국은 교과서를 토대로 만든 것이다. 그래서 예나 지금이나 교과서를 중심에 두

지 않으면 공부 주도성을 기를 수 없고 성적을 올리기도 어렵다.

아래 문항을 읽고, 평소 나의 공부 습관과 일치하는 개수를 세어 보자. ⑦, ⑧은 일치하지 않는 개수를 센다. ①과 ②는 수업과정에 관한 것이고, 나머지는 교과서 읽기 전략(SQ3R)에 관한 것이다. 자세하게 읽고, 나에 해당하는 개수를 계산한 다음에 앞으로 어떻게 성장할 것인지 스스로 피드백해 보자. 친구와 함께 해 보면 서로 성장하는 데 도움이 된다.

 나의 공부 습관 Q

① 나는 스스로 수업 전 공부와 수업 후 공부를 잘 실천한다.
② 나는 수업 시간에 능동적으로 참여한다.
③ 단원을 읽기 전에 학습목표, 소제목, 표나 그림 등을 훑어본다.
④ 소제목을 보고 무슨 내용인지 의문을 품는다.
⑤ 읽은 내용을 잠시 생각한 후에 다음 내용을 읽는다.
⑥ 단원을 다 읽고서 중요한 내용을 나의 말로 요약한다.
⑦ 읽고 나서 중요한 내용이 무엇인지 떠올려지지 않는다(역산).
⑧ 한번에 단원을 다 읽지 못하고 책을 덮는 때가 많다(역산).

일치하는 정도

✎ 나: _____   ✎ 친구: _____

SQ3R, 어떻게 실천할까

SQ3R은, 로빈슨(Robinson)이 오하이오 대학교에서 학생들의 독해력을 키우도록 돕기 위한 읽기 전략으로 고안한 것인데, 그 흐름은 [그림 2-3]과 같다.

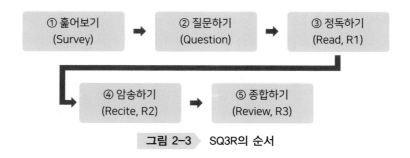

그림 2-3　SQ3R의 순서

SQ3R은 읽기 방법만이 아니라 공부 잘하는 요령을 두루 포함하고 있다. 그래서 글쓴이는 초등학생과 중학생들을 위해 쓴 공부 방법 책에서 SQ3R을 공부의 백화점[2]이라 하였다. 이제 그 의미를 이렇게 바꾸겠다.

SQ3R은 공부 주도성의 종합 영양제이다.

SQ3R에는 제1장에서 종합한 공부 주도성의 세 가지 요소―목표 설정하기 · 실행하기 · 성찰하기―가 다 들어 있다. 질문하기(Q)는 공부의 목적을 설정하는 것이고, 암송하기(R2)를 하다 보면 내가 아는 것과 모르는 것을 분간할 수 있으니 성찰을 할 수 있다. 또한 전체 과정이 주도적으로 공부하도록 안내하고 있으니 실행하기 요소가 들어 있다.

① 훑어보기(Survey) → 배경지식 쌓기
체육 시간에 시합을 하기 전에 준비 운동을 먼저 한다. 밑그림을

잘 그려야 그림의 전체 구도가 잘 잡힌다. 교과서를 읽을 때도 마찬가지다. 자세하게 읽기 전에, 단원 전체를 미리 훑어보아야 한다. 그러면 단원 전체의 내용이 무엇인지 훤히 보인다. 미리 훑어보면 스스로 배경 지식을 만들 수 있다. 여행할 때도 배경 지식이 있으면 훨씬 잘 보이는 것처럼, 공부도 그렇다. 내비게이션에 모의주행 기능이 있는 것도 같은 이치다. 이제 공부의 준비 운동하기, 밑그림 그리기, 모의주행하기의 원리를 알아보자.

훑어보기(미리 살펴보기) 원리

- 단원의 윤곽을 파악하기 위해 단원 전체를 대상으로 대략 훑어보자.
- 학습목표나 소제목, 주요 개념, 시각 자료(표, 그림, 사진, 그래프 등) 등을 간단히 훑어보자.
- 진한 표시로 된 핵심어나 여백에 쓴 내용도 훑어보자.
- 문단의 첫 문장을 읽어 보자.
- 끝부분에 있는 요약 · 정리를 간단히 읽자.
- 수업 전 공부 활동으로 실천하자.

훑어보기를 하면 아주 중요한 효과가 있다. 컴퓨터 게임을 하고 난 뒤, 엄마와 자녀(가을)가 나누는 대화에서 훑어보기의 중요성을 알아보자.

> 엄마: 이제 공부할 시간이야. 게임 그만해야지.
> 가을: 네. 알겠습니다(게임을 끝내고 공부방으로 간다).
> 엄마: (가을이가 공부는 하지 않고, 사진첩을 보고 있는 모습을 보고)
> 　　　 게임할 때는 엄청 집중하더니만 왜 딴 짓해.
> 가을: 할 거예요, 하려고 그래요.

가을은 공부를 하려는 마음이 있는 걸까? 글쓴이가 보기에 가을 이는 공부할 마음이 있다. 그런데 왜 시작을 못하고 딴짓을 할까? 책상에는 앉았지만, 게임 장면이 눈앞에 어른거리는데, 금방 공부 모드로 전환하기가 쉽지 않다. 이때 책을 펴고 가벼운 마음으로, 잠시 훑어보기를 하면 공부 모드로 전환하는 데 도움이 된다.

왜 그럴까? 뇌는 한 작업에서 다른 작업으로 이동하려면 재설정되어야 한다.[3] 이때 약간의 시간이 필요하다. 훑어보기는 본격적으로 교과서를 읽기 전에 뇌에게 약간의 시간을 벌어 주고 마음이 차분해지도록 하는 효과가 있다. 훑어보기가 몸에 배면 공부도 쉽게 시작하고, 엄마한테 잔소리도 듣지 않으니 일석이조(一石二鳥)다.

그런데 가을처럼 사진첩을 보는 것이 공부에 도움이 되지 않는 이유는 전환 비용 효과[4]에서 찾을 수 있다. 게임을 끝낸 후 책을 펴고 훑어보기를 하면 뇌의 비용을 한 번만 들이면 되는데, 중간에 사진첩을 보게 되면 본격적으로 책을 읽기 위해 또 한 번 전환 비용이 들기 때문이다. 그러면 뇌가 피곤해지고, 공부에 몰입하는 시간이 더 길어진다. 그러니 다른 일을 하지 말고 훑어보기를 시작해서 뇌가 하고자 하는 일에 쉽게 집중하도록 도와주자.

② 질문하기(Question) → 읽기의 목적 정하기

교과서를 읽을 때 앞쪽 한두 페이지만 읽다가 중간에 포기하는 경험을 해 봤을 것이다. 왜 그럴까? 읽기의 초점이 분명하지 않아서 그렇다. 밋밋하게 읽으니 내용 파악이 안 되고, 앞과 뒤가 잘 연결되지 않는다.

질문은 단원을 읽어야 하는 목적이나 이유를 스스로 정하는 것이다. 단원의 내용을 자세하게 읽기 전에 소제목을 대상으로 질문을 하자. 스스로 삶의 기준을 만들어 살아야 하는 것처럼, 교과서를 읽을 때에도 내가 기준을 만들자. 그러면 읽는 중에 집중하고 몰입할 수 있다. 한 단원을 한 번에 끝까지 정독하지 못하는 것은 끈기가 없고, 의지가 부족해서만은 아니다.

질문하기 원리

- 소제목을 질문 형식으로 바꾸자.
  예) 공부 플랫폼의 정의 → 공부 플랫폼은 무엇인가?
- 소제목이 질문으로 되어 있으면, 그대로 활용하자.
- 소제목(절)별로 2~3개만 만들자. 너무 많이 만들지 말자.
- 질문을 잘 만들겠다고 너무 많은 시간을 쓰지 말자.
- 연습문제를 질문으로 바꾸어 보자.
- 숙달되면, 사고 수준별로 질문을 만들자(제3장 참고하기).
- 친구들과 함께 만들자.
- 수업 전 공부 활동으로 하자.

질문하기는 세 가지 중요한 의미가 있다. 첫째, 채금식 읽기를 할 수 있다. 읽기에는 두 가지 방식—스펀지식 읽기와 채금식 읽기— 이 있다.[5] 스펀지식 읽기는 모든 내용을 닥치는 대로 빨아들이는 것이고, 채금식 읽기는 모래알을 쳐서 금을 골라내는 것처럼 핵심적인 내용, 줄거리를 찾아 읽는 방식이다. 스펀지식 읽기가 무조건 암기하려는 것이라면, 채금식 읽기는 질문하면서 공부하는 방식과 관계가 있다.

둘째, 인공지능 시대에 필요한 역량을 기를 수 있다. 챗 GPT는 사람이 묻기만 하면 척척 답을 말해 준다. 그래서 질문하는 능력이 더 중요하다. 이 책에서는 질문하면서 공부하는 능력을 기르도록 (제3장) 따로 구성하였다.

셋째, 주도적으로 살아가는 첫째 기준인 목적의식을 몸에 배게 한다. 초·중등학교 다닐 때, 질문하면서 공부하는 습관을 기르면 목적의식을 갖고 인생을 사는 훈련을 하는 셈이다.

③ 정독하기(Read-R1) → 답 찾기

질문에 대한 답을 찾기 위해서는 소제목(절)별로 꼼꼼하게 읽어야 한다. 질문하기는 읽기의 초점을 잡는 것이고 자세하게 읽기 위한 발판이다. 나태주 시인이 쓴 풀꽃에서 정독하기(자세하게 읽기)의 중요성을 찾을 수 있다.

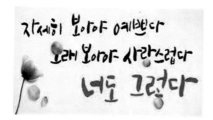

꽃을 자세히 보아야 아름다운 것처럼, 정독(자세하게 읽기)을 해야 내용의 깊은 뜻을 찾아낼 수 있다.

정독하기는 질문에 대한 답을 찾는 과정이다. 읽으면서 질문의 답에 해당하는 내용이나 중요한 부분에 밑줄을 치자. 이때 시간을 들여 따로 노트 정리 하고 싶은 유혹을 떨쳐버리자. 노트 정리를 하다 보면 읽기의 흐름이 끊기기 때문이다.

정독하기 원리

- 소제목(절)별로 자세하게 읽어 질문에 대한 답을 찾자.
- 답에 해당하는 부분에 밑줄을 긋는 등 표시하기를 하자.
- 중요하다고 생각하는 부분에 표시하자(밑줄 치기 등).
- 지금 읽는 내용이 이해되는지 확인하면서 읽자.
- 중심 내용(주장)과 뒷받침 내용을 연결하면서 읽자.

- 정독할 때는 노트 정리를 하지 않는다.
- 수업 중 또는 수업 후에 곧바로 하자.

정독하기를 할 때 밑줄 긋기 등을 하는데, 그것이 중요한 이유를 생성형 인공지능의 기능 중 하나인 어텐션 메커니즘(attention mechanism)[6]과 연결하여 이해해 보자.

챗GPT에서 'T'는 변환기(Transformer)를 의미한다. 미리 학습된 정보와 어텐션 메커니즘(attention mechanism)을 기반으로 복잡한 언어 작업을 처리하는 역할을 하는 것이 변환기다. 이 중에서 **어텐션 메커니즘**은 사용자가 어떤 작업을 수행할 때 특정의 중요한 부분에 더 집중하도록 만든 기능이다. 아래 문장으로 이해해 보자.

나는 제주도에서 살고 싶다.

어텐션 메커니즘은, 챗GPT가 '제주도'라는 단어의 중요성을 감지하고, 더욱 높은 품질의 답변을 생성하도록 돕는다. 밑줄 긋기는 중요한 부분을 찾아내고, 주의를 기울이도록 하니까 챗GPT의 어텐션 메커니즘에 해당한다.

④ 암송하기(Recite-R2) → 개조식으로 답 쓰기

소제목별로 자세하게 읽고 질문에 대한 답을 찾았으면, 나만의 지식으로 만들기 위해 암송(소리 내어 읽기)을 해야 한다.

암송하기 원리

- 소제목(주제)별로 책의 여백에, **개조식으로** 답을 쓰자.
  - 메모지(포스트 잇 등)를 쓰면, 깔끔하게 정리할 수 있다.
- 책에서 눈을 떼고, 답을 외워 보자.

- 답을 잘 암송할 수 없으면 밑줄 친 부분을 잠시 다시 읽어 보자.
- 답에 해당하는 예나 증거도 예도 암송하자.
- 친구와 교대로 질문자와 답변자가 되어 묻고 답해 보자.
- 간단한 연습문제에 대한 답도 암송해 보자.
- 가급적 수업 끝난 후 곧바로 하자.

　암송하기 원리 중에 무엇이 가장 눈에 들어오는가? 개조식으로 답을 쓰자는 것이다. 개조식 서술은 글을 읽고 내용을 정리하거나 글을 쓰려고 생각을 정리할 때 핵심 뼈대를 2~3개 단어로 묶어 요약(정리)하는 것이다.

　개조식으로 답을 적거나 생각을 정리하면 기억 용량의 한계를 극복할 수 있다. 사람의 뇌는 한꺼번에 기억할 수 있는 양이 제한되어 있다. 그래서 가급적 압축해서 저장해야 효율적이고, 생각을 잘 정리할 수 있다. 이 방법은 보고서를 작성하거니 논술의 개요를 잡을 때도 아주 유용하다. 정독하기에서 밑줄 친 내용을 더 줄여 메모하는 것이 개조식 표현이다. 아래 내용을 보자.

[밑줄 치며 읽기] 서원은 학문이 깊고 지혜가 뛰어난 조상들의 제사를 지내고 지방의 인재를 기르기 위한 교육기관의 역할을 했다. 우리나라에는 백운동 서원(영주 소수 서원)이 가장 먼저 생겼으며 이후 전국으로 확대되었다.

-초등 사회 6-1. 21쪽(2019)

[개조식으로 메모하기]
① 서원=학문과 지혜가 뛰어난 조상 제사＋지방인재 교육기관
② 백운동 서원이 최초 → 전국으로 확대

　밑줄 친 내용을 개조식으로 요약할 때 그 내용을 그대로 가져오지 말고, 한 번 더 압축한다. 가지 수가 많으면 번호를 붙이는 게 좋다. 또한 한 단어로만 쓰면 정보가 부족하므로, 단어와 단어를 결합하여 쓰자.

⑤ 종합하기(Review-R3) → 한 편의 창조적 글쓰기

　우리나라 속담에 "구슬이 서 말이라도 꿰어야 보배"라는 말이 있다. 아무리 귀중한 것이라도 다듬고 정리해야 쓸모가 있다는 뜻이다. 이 속담은 SQ3R에도 들어맞는다.

　종합하기는 말 그대로 질문에 대한 답(R2)을 묶어 한 편의 글을 쓰는 것이다. 이때 그것이 내가 만든 지식이 되려면, 나의 생각과 언어로 써야 한다. 책의 내용을 그대로 옮겨 오면 내가 쓴 글이 아니라, 복사한 것이다. 또 답만을 묶어 써야 한다. 문장과 문장을 이어주는 말이나, 약간의 수식어는 추가해도 되지만, 암송하기(R2)에 없는 내용들을 장황하게 덧붙이지는 말자. 그러면 무슨 내용인지 골격을 이해할 수 없게 된다.

종합하기 원리

- 암송하기에서 찾은 답들로만 한 편의 글을 쓰자.
- '나'의 생각과 언어로 쓰자. 교재의 내용을 그대로 옮겨 오면 안 된다.
- 단원의 끝부분에 제시된 (복잡한) 문제를 풀어 보자.
- 시험에 나올 만한 문제를 만들어 풀어 보자.
- 전체적인 골격을 잡는 것이므로, 간결하게 쓴다.
- 수업 후 공부 활동으로 하자.

질문에 대한 답을 묶어 한 편의 글을 써야 하는 중요한 이유가 있다. 읽기만 하면 수동적인 사람이 된다. 표현해야 창의적인 사람이 된다.[7] SQ3R을 실천하면 글쓰기 실력이 늘고, 창의적인 사람이 될 수 있다.

지금까지 살펴본 SQ3R의 실천 단위를 정리해 보자.

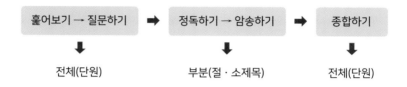

어떤 대상을 전체 → 부분 → 전체의 순서로 지각하는 원리가 읽기 전략에도 담겨 있다.

✿   ✿   ✿

첫째, SQ3R은 교과서를 단계적으로 읽는 전략이다.
둘째, 훑어보기(S)에서는 학습목표, 소제목 등을 살펴보자.
셋째, 질문하기(Q)에서는 소제목을 의문문으로 만들자.
넷째, 정독하기(R1)에서는 질문에 대한 답을 찾아 밑줄을 긋자.
다섯째, 암송하기(R2)에서는 답을 외우고, 개조식으로 정리하자.
여섯째, 마지막으로, 질문에 대한 답을 묶어 한편의 글을 쓰자.
일곱째, SQ3R은 공부 플랫폼의 토대이다.

03(SQ3R 기반의 공부 플랫폼)에서는 SQ3R을 기반으로, 수업의 전 과정과 연계하여 주도적으로 공부하도록 만든 플랫폼을 이해해 보자. 이때 기본형을 바탕으로 다양하게 변형한 틀을 익혀 보자.

03
SQ3R 기반의 공부 플랫폼

공부 플랫폼, 어떻게 실천할까

SQ3R을 실천하는 원리를 알아보았다. 그 원리를 실천하기 전에 공부 플랫폼을 다시 정의해 보자.

> SQ3R을 바탕으로, 수업의 과정을 하나로 연결하여
> 주도적으로 공부하는 틀, 구조

이 정의대로 하면 SQ3R 기반의 공부 플랫폼이라 해야 하지만 간편하게 공부 플랫폼이라 부르자. 이제 SQ3R의 단계들을 수업의 흐름과 연계한 공부 플랫폼 양식 중에 기본형을 살펴보자.

기본형 공부 플랫폼

기본형 공부 플랫폼 양식		
단원:	주제:	
차시:		
공부 흐름		**공부 활동**
수업 전	훑어보기	
	질문하기	
수업 중	정독하기	
	암송하기	
수업 후	종합하기	
	성찰하기	

기본형은 말 그대로 혼자서 SQ3R을 수업의 흐름에 따라 적용하는 것이다. 이때 글쓴이가 성찰하기(R4)를 맨 끝에 추가하였다.

기본형 공부 플랫폼을 실천할 때 무엇을 고려하면 좋을까?

첫째, 정독하기와 암송하기를 수업 중 단계로 정한 이유를 생각해 보자. 정독하기는 수업 전 또는 수업 후에 할 수도 있지만 수업 중 활동으로 분류하였다. 정독하기는 질문에 대한 답을 찾는 데 목적이 있다. 그렇다면 선생님의 설명을 듣거나 친구들과 모둠 활동을 하는 중에 질문에 대한 답을 확실하게 찾으려고 노력해야 한다. 암송하기도 마찬가지이다. 정독하면서 답에 해당하는 내용에 표시하였다면 곧바로 이를 내 것으로 만들어야 한다. 그래서 두 가지 활동을 한꺼번에 실천하는 습관을 들여야 한다.

둘째, 정독하기(R1)를 할 때, 질문의 답에 해당하는 내용이나 중요한 내용에 표시하기(밑줄 치기 등)는 교과서에 직접 한다. 그러면 공부 플랫폼 양식에서 정독하기 칸을 어떻게 활용하면 좋을까? 수업 시간에 선생님께서 설명하시는 내용, 특히 질문에 대한 답에 해당하는 내용을 적는 데 활용하자. 또 친구들과 모둠 활동한 요점을 적어도 좋다.

셋째, 맨 밑에 성찰하기(Reflection)를 추가하였다. 날마다 성장하려면 돌아보기가 필요하다. 공부 플랫폼으로 공부했더니, 좋은 점은 무엇이고, 개선할 점은 무엇인지 생각해 보는 습관을 들이자. 이렇게 하면 SQ3R이 SQ4R이 되는 셈이다.

넷째, SQ3R을 실천하는 단위를 융통성 있게 정하자. 실천의 예제로 삼은 초등학교 사회 5-2에 실린 단원으로 알아보자. 예시 단원은 3개의 주제로 구성되었고, 그중에 예로 삼은 주제는 다시 3개의 차시로 구성되었다.

> **단원**-1. 사회의 새로운 변화와 오늘날의 우리
>
> **주제**-대한민국 정부의 수립과 6 · 25 전쟁
>
> **차시**-8 · 15 광복의 과정을 알아봅시다.
>
>   한반도의 분단과정을 알아봅시다.
>
>   대한민국 정부 수립의 의미를 알아봅시다.

선생님께서는 수업을 어떻게 하실까? 대개 차시별로 수업을 하신
다. 그렇다면 SQ3R도 차시별로 실천해야 할까? 결론을 말하면 그럴
필요가 없다. 차시별로 실천하면 되레 효율적이지 못하다. 수업 차
시와 관계없이 한꺼번에 공부의 양을 적당하게 묶어 실천하자. 예
제(86쪽)의 경우 세 개의 차시를 한꺼번에 실천하였다. 교과서를 보
면 하나의 주제가 5개 이상의 차시로 구성된 경우가 꽤 있다. 이때
는 두세 개의 차시를 하나의 단위로 묶어 실천하자. 그래야 지식을
덩어리로 구성하는 데 도움이 된다.

기본형 공부 플랫폼 실천 예

이제 SQ3R에 바탕을 둔 기본형 공부 플랫폼을 실천한 예를 보자.
이 중에 정독하기의 내용은 밑줄 긋기에 대한 이해를 돕고자 교과
서에 실천한 것을 캡처하였다.

공부 플랫폼 실천 예-기본형

단원: 사회의 새로운 변화와 오늘날의 우리
주제: 대한민국 정부의 수립과 6 · 25 전쟁
차시: ① 8 · 15 광복의 과정을 알아봅시다.
② 한반도의 분단과정을 알아봅시다.
③ 대한민국 정부 수립의 의미를 알아봅시다.

공부 흐름		공부 활동
수업 전	훑어 보기	• 소주제 3개-8·15 광복의 과정, 한반도 분단 과정, 대한민국 정부 수립의 의미 • 사진-광복 당시 만세, 5·10 선거 모습, 신탁통치 반대, 제헌 국회 개원식, 이승만 초대 대통령 취임식 • 주요 개념-신탁통치, 제헌국회
	질문 하기	• 질문 1. 어떤 과정으로 광복을 맞이했는가? • 질문 2. 왜 남과 북으로 분단되었는가? • 질문 3. 대한민국 정부는 어떻게 수립되었는가? • 질문 4. 제헌헌법은 무엇인가?
수업 중	정독 하기	✐ 8.15 광복과 분단의 과정을 알아봅시다. 제2차 세계 대전 중 연합국은 우리 민족의 독립 의지와 노력을 인정하여 전쟁이 끝나면 독립을 돕기로 약속하였다. 1945년 8월 초, 미국은 일본 땅에 두 발의 원자 폭탄을 떨어뜨렸다. 일본은 더 이상 전쟁을 계속할 수 없었고, 무조건 항복하였다. 일본이 항복하자 우리나라는 광복을 맞이하였다(8.15 광복, 1945년).
	암송 하기	답 1. 독립 운동을 위한 노력 + 연합국이 독립 약속 ➔ 제2차 세계 대전 승리 ➔ 1945. 8 · 15 광복 답 2. 미국과 소련이 38도선 기준으로 남과 북에 군대 배치 ➔ 모스크바 3상 회의(미국, 영국, 소련 외무장관) ➔ 임시정부 수립 전 최대 5년간 신탁통치 결정 ➔ 임시정부 수립을 위한 미소공동위원회 결렬 ➔ 미국이 한국 문제를 UN에 넘김

		답 3. 소련이 공정한 선거를 위한 한국 임시 위원단 반대 ➜ 남북 총선거에 대한 찬성과 반대 갈등 ➜ UN에서 남한만 총선거 실시 결정 ➜ 5·10일 국회의원 선거 ➜ 제헌 국회에서 「헌법」 통과(7월 17일 공포) ➜ 국회에서 이승만을 대통령으로 선출 ➜ 임시정부 전통 계승
수업 후	종합 하기	답 1. 독립 운동가들이 독립을 위해 노력하는 중에 한 노력하는 중에 연합국이 전쟁에서 승리하면 독립해 주기로 약속하였다. 연합국이 제2차 세계 대전에서 승리하여 1945년 8월 15일 광복을 맞이하였다.
		답 2. 미국과 소련이 38도선 기준으로 남과 북에 군대를 배치하였는데, 미국, 영국, 소련의 외무장관이 참여한 모스크바 3상 회의에서 임시정부 수립 전 최대 5년간 신탁통치를 하기로 결정하였다. 그 후 UN에서 임시 정부 수립을 위한 미소공동위원회를 남과 북에 파견하려 하였으나 소련이 반대하였다. 그러자 미국이 한국 문제를 UN에 넘겼다.
		답 3. 소련이 공정한 선거를 위한 한국 임시 위원단 파견에 반대하여, 남북 총선거에 대한 찬성과 반대로 갈등이 생겼다. 그러자 UN에서 남한만 총선거를 실시하기로 결정하였다. 5월 10일에 국회의원 선거가 실시되고, 제헌 국회에서 「헌법」이 통과(7월 17일 공포)되었다. 국회에서 이승만을 토대 대통령으로 선출하여 임시정부의 전통을 이어받았다.
	성찰 하기	지금까지는 교과서를 그냥 읽고 외우는 데 집중한 것 같다. SQ3R 방식이 아직 서툴러서 그런지 시간이 오래 걸리고, 속도가 나지 않는 느낌이다. 그렇지만 각 단계를 거치다 보니 생각하면서 공부를 했다는 느낌이 든다. 답을 묶어 나의 생각으로 글을 쓰는 것이 쉽지 않지만, 이렇게 하면 머릿속에 오래 남을 것 같다. 꾸준하게 해 보자.

중학생이 SQ3R을 실천한 예는 글쓴이가 운영하는 공부 역량 아카데미(LC2)의 블로그에 실었으니 참고하기 바란다.

공부 플랫폼, 어떻게 발전시킬까

발전형 공부 플랫폼-선생님과 함께하기

수업의 전체 과정에서 주인의식을 갖고 주도성을 발휘하자! 이것이 글쓴이가 공부 플랫폼을 만든 근본적인 이유이다. 글쓴이가 발전형이라 이름 붙인 아래 틀은 내가 만든 질문과 선생님께서 제시하는 학습목표를 통합(연결)하여 공부하도록 한 것이다.

발전형(SQ4R) 공부 플랫폼 양식			
단원:			
주제:			
차시:			
공부 흐름		**공부 활동**	
수업 전	훑어보기		
	질문하기	나 1	교사(학습목표)
수업 중			
		나 2	
	정독하기		
	암송하기		
수업 후	종합하기		
	성찰하기		

발전형에서 가장 큰 특징은 질문하기다. 수업 전에 반드시 질문을 만들어 **나 1**에 적는다. 그리고 수업을 시작할 때 선생님께서 학습목표를 제시하면, 그 내용을 **교사(학습목표)**란에 옮겨 쓴다. 그런 다

음에 선생님께서 제시한 학습목표를 참고하여 내가 미리 만든 처음 질문(나 I)을 개선하여 **나 2**에 적는다. 이때 주의할 것이 있다. 내가 만든 처음 질문이 중심이고 **뼈대**이어야 한다. 선생님께서 제시한 학습목표에만 의존하면, 공부의 주인이 될 수 없다. 발전형 공부 플랫폼을 실천한 예도 글쓴이가 운영하는 블로그에 있으니 참고하기 바란다.

협력형 공부 플랫폼-친구와 함께 하기

"가까이 가려면 혼자서 가고, 멀리 가려면 여럿이 가라." 인디언 속담이다. 친구는 인생의 동반자라 하지 않는가. 함께 성장하고 인생의 스토리를 함께 만들어 가는 사람이 친구이다. 이렇게 사는 것이 초연결 정신이고, 협력적 주도성(Co-agency)을 실천하는 길이다.

협력형(SQ-F-4R) 공부 플랫폼 양식			
단원:		주제:	
공부 흐름			**공부 활동**
수업 전	훑어보기		
	질문하기	나	
		친구	
		교사	
	초점 잡기(F)		
수업 중	정독하기		
	암송하기	나	
		친구	
수업 후	종합하기		
	성찰하기		

　발전형 공부 플랫폼에 친구를 넣고, 초점 잡기(Focusing)를 따로 만들었다. 이것이 협력형 공부 플랫폼이다. 수업 전에 각자 질문을 만들어 서로 교환하자. 직접 만나면서 생각을 충분하게 나누면 가장 좋다. 그러나 시간과 공간의 제약이 있으면 이메일이나 카톡을 활용할 수 있다. 서로 질문을 교환하여 친구의 생각을 내가 반영하는 것도 좋지만, 질문하기를 하나로 합하는 것이 더 좋다. 그래야 두 사람의 생각이 하나로 모아져 공동의 초점이 생긴다. 초점 잡기는 협력적 주도성의 취지를 살리는 좋은 방안이다. 이때에도 선생님께서 제시하는 학습목표를 반영하면 더 깊고 풍부한 질문을 만들 수 있다.

　한편 친구와 함께 초점 잡기를 하였으니, 암송하기(R2)에서도 서로 찾아낸 답을 교환한다. 그리고 내가 암송한 것과 친구가 암송한 것을 바탕으로 각자 종합하기(글쓰기)를 한다. 이렇게 하면 생각을 깊게 하고, 그 폭을 넓힐 수 있다. 또한 각자 쓴 글을 서로 피드백하면 함께 성장할 수 있고, 성찰하기를 공유하면 대리경험, 경험의 누적 효과를 거둘 수 있다.

　협력형 공부 플랫폼을 실천해야 하는 중요한 이유가 있다. 이렇게 하면 서로 시간을 지켜 공부하는 습관을 갖게 하고, 공부를 제대로 하는지 안 하는지 감시(?)하게 된다. 또 친구보다 더 좋은 질문을 만들려는 경쟁심도 생긴다. 이처럼 서로에게 도움이 되는 선한 경쟁(cute competition)은 아주 필요하고 자주 할수록 좋다.

　친구와 함께 실천한 내용도 LC2 블로그에서 찾아 살펴보자.

✿　　✿　　✿

첫째, SQ3R 공부 플랫폼은 주도적으로 공부하는 시스템이다.

둘째, 수업 흐름과 SQ3R 단계의 연결은 융통적으로 실천하자.

셋째, 공부 플랫폼은 모든 과목에 두루 적용하자.

넷째, 기본형 공부 플랫폼은 SQ3R에 성찰하기를 추가한 것이다.

다섯째, 발전형 공부 플랫폼에서는 질문과 수업목표를 종합한다.

여섯째, 협력형 공부 플랫폼에서는 친구와 함께 질문을 종합한다.

일곱째, 협력형 공부 플랫폼은 공동 주도성을 키워 준다.

성장하기 1	공부 플랫폼으로 공부하면 좋은 점이 무엇인지 정리하였다. 내가 실제로 실천한 경험을 토대로 어느 정도 일치하는지 반응해 보자(일치한다 → ●, 그저 그렇다 → ○, 일치하지 않는다 → ×).

좋은 점	일치도	
	1차	2차
① 수업 전에 주도적으로 공부하는 습관이 생겼다.		
② 수업 중에 집중하고 능동적으로 참여할 수 있었다.		
③ 수업 후에 공부하는 습관이 생겼다.		
④ 수업(공부)의 주인이 되었다.		
⑤ 핵심 내용을 정리하고 요약하는 요령이 생겼다.		
⑥ 시험을 미리미리 대비하는 효과가 있었다.		
⑦ 평소에 글 쓰는(논술) 능력이 길러졌다.		

성장하기 2	아래 예문으로 SQ3R의 핵심 단계를 실천하시오.

조선의 건국 과정을 알아봅시다.

예문

고려 말 정도전, 조준 등 신진 사대부는 신흥 무인 세력인 이성계와 함께 고려 사회를 개혁하려고 하였다. 이들은 권문세족이 가지고 있던 토지를 몰수하고, 토지 제도를 개혁하였다. 이로써 신진 사대부의 경제적 기반이 마련되었고 농민의 생활도 안정되었다.

이성계를 비롯한 신흥 무인 세력과 신진 사대부는 위화도 회군을 통하여 권력을 잡았다. 신진 사대부 중에서 이색, 정몽주 등은 고려 왕조를 유지하면서 개혁할 것을 주장하였고 정도전, 조준 등은 고려를 무너뜨리고 새 왕조를 세울 것을 주장하였다.

질문 하기	Q 1. Q 2.
정독 하기	본문을 읽으면서 답에 해당하는 부분에 밑줄을 그으시오.
암송 하기	☞ 정독한 내용을 바탕으로, 답을 개조식으로 쓰시오.
종합 하기	☞ 암송하기 내용으로, 한 편의 글을 쓰시오.
성찰 하기	

성장하기 3	세 가지 유형의 공부 플랫폼을 순서대로 실천해 보자. LC2 블로그에서 양식을 다운로드할 수 있다.
기본형	
발전형	
협력형	

제3장

끌어내는 공부, 질문하기

공부, 내가 끌고 가자

호모 콰렌스(Homo quaerens)! 호모 프롬프트(Homo prompt)! 프롬프트 엔지니어! 질문이 직업이 되는 세상이 되었다. 챗GPT 시대는 질문하는 시대이다. 사람만이 질문할 수 있다. 질문을 '잘' 하는 사람만이 정답을 얻을 수 있다. 이제 질문은 공부하는 수단을 넘어 생존 능력이다. 질문은 창의적으로 사고하고, 문제를 해결하는 열쇠이다.

질문하면서 공부하는 습관은 공부 주도성을 키우는 출발점이다. 제2장에서 익힌 공부 플랫폼에서도 질문하기(Q)가 나머지 과정을 이끌고 있다. 이제 밀어 넣는(push) 공부의 시대는 지났다. 나의 생각을 끌어내는(pull) 공부, 내가 끌고 가는 공부를 하자. 질문하면서 공부하는 것이 공부의 주체가 되는 비결이고, 삶의 주인이 되는 생애 역량을 기르는 힘이다.

01
질문, 공부와 삶의 본질

인공지능 시대, 무엇이 생존능력인가

질문 능력의 시대

2023년 가을, 어느 지역의 평생학습 축제에서 흥미로운 경험을 하였다. 중학생들이 인공지능으로 그림을 그려 주는 부스를 운영하고 있었다. 재밌겠다 싶어 체험 신청을 하였더니, 어떤 그림을 원하느냐고 물었다. 잠시 생각하다 이렇게 주문하였다.

"뿔난 고양이를 그려 주세요."

프로그램이 미국 것이라서 우리나라 말을 영어로 바꾸는 데 잠깐의 시간이 필요했다. 잠시 후 여러 장의 그림이 떴다. "어, 이게 아닌데." 글쓴이가 무의식적으로 내뱉었다. "이게 아니에요?" 중학생이 당황하면서 물었다.

글쓴이가 생각한 '뿔난'과 인공지능이 해석한 '뿔난'은 의미가 달랐다. 글쓴이는 고양이 머리에 뿔(corn)이 달린 그림을 생각했는데, 인공지능은 화(anger)가 난 고양이로 받아들였다. 글쓴이의 의도를 알게 된 중학생이 다시 입력하였다.

"두 개의 뿔이 난 고양이를 그려 주세요."

　챗 GPT가 등장하여 질문만 하면 원하는 답이 눈앞에 배달되는 시대가 되었으니 모든 게 끝인가? 그렇지 않다. 왜 그럴까? 인공지능은 스스로 질문하지 못한다. 사람이 질문하지 않으면, 인공지능이 갖고 있는 무궁무진한 정보도 무용지물이다. 그래서 인공지능은 반사체에 불과하다. 사람이 발광체인 셈이다. 사람이 질문을 해야만 인공지능은 빛을 발한다.

　챗 GPT의 시대는 질문의 시대이다. 사람은 질문하는 존재이다. 답을 찾기 위해 쏟던 시간, 에너지를 질문에 투자해야 한다. 인공지능이 무엇이든 물어보면 대답을 척척 해 주니, 질문을 잘 해야 한다. 글쓴이는 「고양이 그림 사건」(이렇게 부르겠다.)에서 이 사실을 절감하였다.

프롬프트 엔지니어(링)

　글쓴이가 대학 다닐 때는 정보를 얻거나 과제를 하려면 도서관으로 달려갔다. 도서 목록의 청구 기호를 써서 사서에게 신청을 하면 사서가 도서를 대출해 줬다. 사서가 지식의 매개자였다. 지금도 사서는 전문가이고 중요한 역할을 하지만 예전만 못하다. 요즘 대학생들은 과제를 준비할 때 도서관에 매달리지 않는다. 컴퓨터, 노트북에서 인터넷으로 직접 검색하여 원하는 정보를 얻는다.

인터넷이 발달하여 지식 검색이 중요해지자 구글러(Googler)라는 직업이 생겼다. 세계 최대의 검색 데이터베이스를 가진 구글에서 일하는 사람(엔지니어)을 이렇게 부른다. 회사 이름에 직업명을 붙일 수 있을까 의아했지만 정보 검색의 중요성을 생각하니 이해가 되었다.

그런데 대화형 생성 인공지능이 등장하고, 각 분야에서 이를 도입하기 시작하자 다시 새로운 직업군이 등장하였다. 바로 프롬프트 엔지니어(prompt engineer)이다. 프롬프트 엔지니어는 AI 조련사라고도 부르는데, 더 나은 결과를 얻을 수 있도록 인공지능에게 지시할 다양한 목적의 프롬프트를 제작하고 테스트하는 일을 한다.[1] 사전을 보면 프롬프트는 "(사람에게 어떤 결정을 내리도록, 또는 어떤 일이 일어나도록) 촉발하다, (질문 힌트 등을 주어 말을 하도록) 유도한다"는 뜻이다. 방송이나 연극에서 배우, 진행자에게 대사나 동작을 알려주는 것이 프롬프트이다. 음악 방송에서 진행자에게 노래가 끝나면 광고를 하라는 신호를 보내는 쪽지도 프롬프트이다.

최근에 생성형 인공지능이 발달하면서 프롬프트라는 용어를 자주 쓴다. 본래 프롬프트는 컴퓨터가 명령어를 받아들일 준비가 됐다는 단말기의 신호를 뜻한다. 인공지능에게 특정 작업을 수행하도록 요청하는 자연어 텍스트(명령, 지시, 질문 등)가 프롬프트이다. 프롬프트 엔지니어링은 인공지능으로부터 수준 높은 결과물을 얻기 위하여 적절한 프롬프트를 설계하고 개발하는 일이다. 프롬프트 엔지니어는 인공지능에게서 최상의 답을 이끌어 내기 위해 텍스트 프롬프트를 만들고 개선하는 일을 하는 사람이다.

호모 프롬프트

김난도 교수팀은 2024 코리아 트렌드를 발표하면서 호모 프롬프트 (Homo promptus)를 제시하였다.[2] 호모 프롬프트는 생성형 인공지능이 등장한 이후 인공지능 시대를 선도할 수 있는 인간형 친AI족을 말한다.[3] 인공지능 전문가, 조련사, 검열자 등을 말하는데, 인공지능에게 정확하고 명확하게 질문하고, 도출한 결과물을 검열하는 인간을 뜻한다. 인공지능이 더 훌륭한 답변을 내도록 프롬프트를 잘 작성하는 능력을 갖춘 사람이 호모 프롬프트이다. 프롬프트 엔지니어링은 몇몇 전문가들이 하는 게 아니라 모두에게 필요한 기능이 되었다. 사람의 본질이 호모 콰렌스(Homo quaerens)에서 호모 프롬프트로 진화한 셈이다.

결국 불확실한 세상에서는 하나의 정답을 좇아 살아갈 수 없다. 그래서 질문하는 능력이 중요하다. 인공지능은 어떻게 질문하느냐에 따라 전혀 다른 답을 내놓는다. 디지털 네이티브를 넘어 인공지능 네이티브의 삶을 잘 살려면 질문하는 능력을 키워야 한다.

인간의 본질과 질문 본능

호모 콰렌스 인간은 질문하는 존재이다. 인생이란 무엇인가? 우정이란 무엇인가? 왜, 공부를 해야 하는가? 사람은 시시때때로 궁금증을 풀고, 지혜를 구하는 질문을 하면서 살아간다. 인간에게는 '왜?'에 대하여 이유를 찾으려는 논리 본능이 있다.[4]

질문은 삶의 진리를 깨우치고, 참된 지식에 이르는 통로였다. 예수는 제자들에게 "너희는 나를 누구라 하느냐?" 물었다. 이를 두고, 역사상 가장 위대한 질문이라고 말하는 사람도 있다. 질문이 지식과 진리에 이르는 통로인 것은 소크라테스가 활용한 문답법(問答法)

에서 일찍부터 알고 있었다. 질문을 통하여, 무지에 대한 자각(모르고 있다는 사실을 아는 것)을 거쳐 진정한 지식(眞知)에 이른다. 이런 까닭에, 그는 인간이 지닌 최고의 탁월함은 자기 자신과 타인에게 질문하는 능력이라 하였다.

　세계적인 기업, 삼성그룹의 창업자 이병철 전 회장은 신과 죽음에 관한 스물네 가지 질문을 남기고, 세상을 떠났다. 신의 존재를 어떻게 증명할 수 있는가? 왜 부자는 천국 가기가 낙타가 바늘 귀에 들어가는 것만큼 힘든 일인가? 창업 회장은 그 질문에 대한 답을 얻지 못했지만 그의 사후에 「내 가슴을 뛰게 할 잊혀진 질문」[5]으로 세상에 나와 있다. 또 철학자 최진석 교수는 삶의 주체로 살고 싶다면 질문하면서 살라 말한다.[6] 자기 자신에게만 있는 궁금증과 호기심이 발현될 때 자신으로 존재한다고 일러준다. 대답할 때는 이미 있는 이론과 지식을 전달하는 존재에 불과하다고 덧붙인다.

　질문을 삶의 중심에 두고 산 사람은 아인슈타인이다. 그는 죽기까지 질문에 더 매달리겠다고 다짐하였다.

　　　"질문이 정답보다 중요하다. 곧 죽을 상황에서 단 1시간이 주어진
　　　다면, 나는 55분을 질문을 찾는 데에 할애할 것이다. 올바른 질문은
　　　답을 찾는 데 5분도 걸리지 않게 한다."[7]

　정답보다 질문을 더 강조한 아인슈타인은 위대한 발명가를 넘어 미래를 내다보는 선지자(先知者)였다. 그가 1955년에 세상을 떠났으니, 70여 년 전에 벌써 인공지능 시대를 예언했던 셈이다. 정답을 찾는 데 혈안이 돼 온 한국교육이 아인슈타인의 가르침에 주목했더라면 얼마나 좋았을까.

최근에 뇌 과학자들은 인간에게는 끊임없이 물어보라고 다그치는 뇌 회로를 발견하였다. 뇌 과학자 정재승에 의하면[8], 배외 측 전전두엽은 삶의 목표가 무엇이냐 물어보고, 안와 전두엽은 그 목표가 과연 의미 있는 것인지 물어보게 자극한다. 그것을 통해 무엇을 얻으려고 하느냐고 묻는 것은 측좌핵이 담당하는 기능이다. 사람들이 나만의 목표를 갖고 싶고, 거기에 의미를 부여하는 것도 실상은 뇌가 하는 일이다. "나는 목표가 없어요."라고 말하는 순간에도 뇌는 너의 목표가 무엇인지 스스로 질문하라고 요구한다. 이로써 질문은 인간의 본능에 가깝다.

국어교육학자 정혜승은 직접적으로 사람에게는 질문 본능이 있다[9]고 말한다. 4세 아이는 하루에 39개의 질문을 하고, 학령기 아동들은 1년에 평균적으로 약 15만 개의 질문을 한다. 2세에서 10세 자녀를 둔 부모들은 하루에 평균 288개의 질문을 받는다.

정말 사람에게 질문 본능이 있을까? 전제가 필요하다. 초등학교 때까지는 그렇다. 학교 단계를 올라갈수록 질문 본능은 희박해진다. 정 교수도 수업 중에 질문에 참여하지 않는 학생 비율이 58.5%라는 조사 결과를 인용하였다. 대학생은 어떤가? 글쓴이 경험으로, 수업 중에 스스로 질문하는 학생을 찾아보기 어렵다.

왜, 질문해야 하는가

질문 빈곤의 한국

질문이 인간의 본능인가? 이 물음에 확실하게 답하기 어렵지만 한 가지 사실은 분명하다. 우리나라 사람들은 대체적으로 질문을 하지 않는다. 오죽하면 『질문 빈곤 사회』라는 책까지 나왔을까? 심

지어 질문을 업(業)으로 삼고 있는 기자들조차 질문하기를 꺼려 이
야깃거리가 되었을까.

> 오바마 대통령: 한국이 훌륭하게 호스트를 했으니, 한국 언론의 질
> 　　문을 하나 받겠습니다. (한국 기자의 반응이 없자) 정말 없어요?
> 중국 기자: (손을 드는 한국 기자가 없자
> 　　중국 기자가 나섰다.) 저는 중국 기
> 　　자입니다. 제가 아시아를 대표해서
> 　　질문해도 될까요?

　이 장면은 2010년 11월에 서울에서 열린 G20 정상회의의 폐막식
기자회견에서 있었던 일이다. 미국 오바마(Obama) 대통령에게 미
국 기자들이 대통령의 지도력을 지적하는 질문(민주당의 선거 패배,
한국과의 자유무역협정 결렬 등)을 쏟아내자 대통령은 곤혹스런 상황
을 벗어나려고, 한국 기자들에게 질문을 유도하였다. 한국 기자들
이 질문을 하지 않자 중국 기자가 나섰다.
　도대체 한국 기자들은 왜 질문을 하지 않았을까? 문제풀이와 정
답만 찾게 하는 암기식 교육 탓이 아니었을까?

유대인의 기적, 질문의 힘

　유대인은 전체 인구가 약 1,400만 명이다. 전 세계 인구의 0.3%
밖에 되지 않는다. 그런데도 전체 노벨상 수상자의 30%를 배출하였
다. 미국 아이비리그 대학생 중 30% 정도가 유대인계 학생이다. 미
국의 경제지『포천』이 선정한 100대 기업의 소유주와 최고경영자의
40%가 유대인이다. 유대 민족은 아인슈타인, 에디슨, 빌 게이츠, 스

티븐 스필버그, 앨빈 토플러, 마크 저커버그 등 걸출한 글로벌 리더를 배출하였다. 어디에서 이런 기적이 나왔을까? 자녀가 학교에서 돌아올 때, 엄마들이 던지는 질문에 답이 있지 않을까?

> 한국 엄마: 선생님 말씀 잘 들었지?
> 미국 엄마: 친구와 잘 놀았지?
> 유대인 엄마: 오늘 어떤 질문 했어?

질문과 토론을 중시하는 유대인들의 전통적인 교육방식이 노벨상을 휩쓸고, 세계적인 리더로 만드는 원동력이다. 4차 산업혁명 시대에 창의적인 인재를 기르려면 암기식 교육을 철폐해야 한다는 요구가 강해지고, 하브루타(Havruta)에 대한 관심이 높은 이유이다.

질문하는 공부와 끌어내는 공부

새삼스럽게 질문이 중요한 이유는 무엇일까? 인공지능의 시대에는 밀어 넣는(push) 공부와 이별해야 하기 때문이다. 초거대형 인공지능이 엄청난 지식과 정보를 저장하였다가 묻기만 하면 실시간으로 답을 쏟아내고 있다. 그런데도 점수, 성적에만 올인 하는 암기식 공부에 매달려서 되겠는가?

인공지능의 시대에는 끌어내는(pull) 공부를 해야 한다. 내 생각을 키우고, 공부 방법을 스스로 찾아내어 실천하고, 문제를 해결하는 공부를 해야 한다. 이것이 질문하면서 공부해야 하는 근본적인 이유이다. 결국 공부의 주체가 되는 가장 좋은 방법은 질문하는 것이다.[10]

> 질문 공부하기 → 끌어내는 공부/끌고 가는 공부 → 공부 주도성

최근 우리나라에서도 암기식 교육, 정답 맞추기 교육에서 벗어나기 위해 IB 교육과정에 대한 관심이 높아지고 있다. IB(International Baccalaureate) 교육과정은 교육의 목적을 탐구 능력의 신장에 두고, 프로젝트 중심으로 학습하고 서술형 문제로 학생을 평가한다. IB 교육에서 중시하는 학습자상의 첫째는 탐구하는 사람이다.[11] 호기심을 키워 탐구하고 연구하는 능력을 강조한다. 이를 위해 교수-학습에서 ① 탐구적 질문하기 → ② 행동으로 옮기기 → ③ 성찰하기를 순환적으로 수행하는 데 초점을 둔다. 질문하는 사람을 키우는 것이 새로운 교육의 핵심이고 처음과 끝이다.

> "끊임없이 질문하고 도전하는 창의 인재가 글로벌 무대에서 성공할 가능성이 높습니다. KAIST는 학생이 질문을 최고의 덕목으로 여길 수 있는 문화를 조성해 나가고 있습니다."

괴짜교수로 알려진 이광형 KAIST 총장께서 「2023 KAIST 큐데이(Q-Day)」에서 한 말이다. 괴짜교수는 2021년 총장에 취임하고서 대학의 신문화 전략으로 QAIST를 제시하였다.[12] Q는 질문하는 글로벌 창의인재를 말한다. 교수들은 전문지식을 일방적으로 전달하기보다 학생이 주체적으로 답을 찾아가는 과정에서 스스로 사고하도록 한다. 학생들도 질문에 질문으로 답하는 토론 과정을 통해 서로 협력하면서 학습한다. 큐데이에서 상을 받은 전기 및 전자공학부 학사과정의 이 아무개 학생은 이렇게 말하였다.

　　"학부 과정의 교육은 해당 분야의 거장이 수백 년 전에 발견한 내용을 수동적으로 학습하는 단계라고만 생각했는데, 이번 경험을 계기로 교과서의 내용만으로도 새로운 탐구와 질문이 가능하다는 것을 깨달았다."

　　그는 대학 입학 후 질문을 만들고, 그에 관한 생각을 기록하는 습관을 길러 학업뿐만이 아니라 경제, 부동산 등 1,300여 개의 질문을 만들었다. 이런 습관을 토대로 교과서나 교재에 출제되지 않은 형식의 문제를 만들었고, 그가 만든 문제를 담당 교수와 100여 명의 학생이 함께 풀이했다.

　　이제 밀어 넣는(push) 공부는 그만하고, 끌어내는(pull) 공부를 하자. 암기식 공부보다 내 생각을 말하고, 새로운 것을 찾아내는 공부를 해야 한다. 공부의 주체가 되는 가장 좋은 방법은 질문하는 것이다.[13]

　　정리해 보자. 인간은 질문하는 존재이고, 인공지능의 시대는 질문을 잘 하는 사람이 살아남는다. 질문은 불확실한 미래에 창의적 문제해결 능력을 가진 사람이 되는 첩경이다. 질문 능력을 기르는 것은 공부와 삶의 목적이다. 내가 끌고 가는 공부가 만능열쇠이다.

❀　　❀　　❀

첫째, 호모 콰렌스(Homo quaerens)! 인간은 질문하는 존재이다.

둘째, 챗GPT 시대에 질문하는 능력이 생존 역량이다.

셋째, 호모 프롬프트는 생성형 AI 등장 이후 인공지능 시대를 선도하는
　　'친AI족'을 말한다.

넷째, 프롬프트 엔지니어링은 프롬프트를 설계, 개발하는 일이다.

다섯째, 프롬프트 엔지니어는 프롬프트를 만들고 개선하는 사람(직업)
　　이다.

여섯째, 챗GPT 시대에는 프롬프트 엔지니어가 되어야 한다.

일곱째, 인공지능 시대에는 내가 끌고 가는 공부를 해야 한다.

02(생각하는 공부, 질문하기)에서 공부하는 중에 질문을 잘 하는 방법을 알아보자. 먼저, 수업 과정(전-중-후)에 따라 질문하는 전략을 공부하자. 그리고 교과서 내용을 예제로 삼아 사고의 수준에 따라 질문하는 전략을 익혀 보자.

02
생각하는 공부, 질문하기

어떻게 질문할까

수업 과정 중심의 질문하기

제2장에서, 수업의 흐름과 연결하여 교과서를 단계적으로 읽는 전략(SQ3R)을 소개하였다. 그중에 질문하기(Q)가 있었다. 여기에 두 가지를 덧붙여 생각하자. 첫째, SQ3R의 모든 단계에서 질문이 필요하다. 그래야 각 단계에서 무엇을, 어떻게 실천해야 하고, 잘 수행했는지 알 수 있다. 둘째, 책을 읽는 과정에서 질문하는 요령을 익히자. 그래야 교과서에 나온 어떤 종류의 글이든 깊이 있게 이해할 수 있다. 이 두 가지는 수업의 과정과 연계되어야 한다.

수업 과정	SQ3(4)R	읽기 과정
수업 전	S(훑어보기) Q(질문 만들기)	읽기 전
수업 중	R1(정독하기) R2(암송하기)	읽는 중
수업 후	R3(종합하기) R4(성찰하기)	읽은 후

수업 과정을 중심에 두고, SQ3R과 일반적인 읽기 요령을 어떻게 실천하는지 알아보자.

① 수업 전 질문하기

[S와 Q]

- 단원 전체에서 무엇을 훑어보았는가?
- 학습목표, 소제목은 무엇인가?
- 소제목별로 질문을 만들었는가?

[읽기 요령]

- 읽고 나서 중점적으로 알아야 할 내용은 무엇인가?
- 읽을 내용에 대해 내가 갖고 있는 배경 지식은 무엇인가?
- 학습이 끝난 후에는 어떤 활동을 해야 하는가?

② 수업 중에 질문하기

[R1와 R2]

- 소제목 순서대로, 질문에 초점을 두고 읽고 있는가?
- 질문에 대한 답을 찾았는가?
- 답에 해당하는 부분에 표시를 했는가?
- 표시한 내용을 개조식으로 메모하였는가?
- 메모한 내용을 보지 않고도 답을 말할 수 있는가?

[읽기 요령]

- (이야기 글) 등장인물의 성격, 배경, 사건의 흐름을 파악하면서 읽고 있는가?
- (설명하는 글) 글의 중심 생각과 세부 정보를 파악하면서 읽고 있는가?
- 방금 읽은 내용을 회상할 수 있는가?

③ 읽은 후에 질문하기

[R3와 R4]

- R2에서 메모한 내용을 묶어 한 편의 글을 썼는가?
- 내가 쓴 글이 의미가 통하는가?
- 내가 쓴 글을 친구에게 설명할 수 있는가?
- 읽고 나서, 아는 것과 모르는 것을 분간할 수 있는가?

[읽기 요령]

- 읽은 내용을 시각적으로 표현할 수 있는가?
- 연습문제 등을 어느 정도 해결할 수 있는가?

사고 수준별로 질문하기

질문은 생각하는 힘을 기르는 데 목적이 있다. [그림 3-1]은 사람의 생각을 여섯 가지로 분류하고, 낮은 수준으로부터 높은 수준으로 배열한 것이다.[14] 학교에서 선생님들이 수업의 목표를 정하거나 시험 문제를 낼 때 기준으로 삼는 틀이다.

높은 수준의
사고

낮은 수준의
사고

창조하기
평가하기
분석하기
응용하기
이해하기
기억하기

[그림 3-1]에서 각각은 '기억하다'처럼 행위동사로 표현하여야 하는데, 편의상 이렇게 (~하기) 나타냈다.

그림 3-1   신 교육목표 분류체계

질문할 때도 이 틀을 적용하면, 생각을 다양하게 할 수 있고, 시험을 잘 대비할 수 있다.

① 기억하기 질문

책을 읽는 중이나 공부한 후에 외운 것을 그대로 재생하는 질문을 하자. 기본적인 사실, 개념(용어 등)과 정의, 공식, 등장인물, 이야기의 전개 순서, 일의 과정이나 절차 등 그저 외워서 다시 끄집어내도록 돕는 것이 기억하기 질문이다. 회상 질문이라 부르기도 한다.

> 철, 구리, 알루미늄, 흑연과 같이 전기가 잘 흐르는 물질을 **전도체**라 한다. 종이, 유리, 비닐, 나무 등과 같이 전기가 잘 흐르지 않는 물질을 **부도체**라 한다.
>
> —초등 과학 6-2, 48쪽.

인용한 글처럼, 교과서를 읽다 보면, 새로운 개념과 이를 풀어쓴 정의가 나오고, 예를 드는 글이 자주 등장한다. 이렇게 정의와 예로 된 글은 세 가지(개념, 정의, 예) 질문을 하자.

질문 1. 핵심 개념은 무엇인가?
질문 2. 핵심 개념(전도체, 부도체)을 어떻게 정의할까?
질문 3. 핵심 개념에 해당하는 예(물질)에는 어떤 것이 있는가?

기억하기 질문은 공부의 기초이다. 기초 공사를 잘 해야 튼튼한 집을 지을 수 있다. 공부도 마찬가지이다.

② 이해하기 질문

이해란 제시된 자료, 정보, 지식을 읽고, 전체적인 의미를 찾아내는 것이다. ㉠ 해석하기, ㉡ 예증하기, ㉢ 분류하기, ㉣ 요약하기, ㉤ 추론하기, ㉥ 비교하기, ㉦ 설명하기 등이 이에 해당한다.

책을 읽거나 수업에서 이해하고 있는지 수시로 질문하는 것이 중요하다. 이해하지 못하면 실제에 적용하거나 창의적으로 사고하기 어렵다. 선생님들께서 출제하는 시험 문제도 기억하기와 함께 이해하기가 중심을 이룬다. 예문을 자세히 읽어 보자.

> 태양 빛은 지표면을 데우고, 데워진 지표면은 주변 공기를 대웁니다. 그런데 지표면은 태양의 남중 고도에 따라 데워지는 정도가 달라집니다. 태양의 남중 고도가 높으면 지표면은 더 많이 데워지고, 태양의 남중 고도가 낮으면 지표면은 적게 데워집니다.
>
> -초등 과학 6-2, 95쪽

이 글은 원인-결과로 된 구조이다. 이때는 어떻게 질문해야 할까?

질문 1. 여름이 겨울보다 더운 이유는 무엇인가?

이해하기 질문에 대한 답은 본문에 직접 나와 있지 않은 경우가 많다. 그래서 추론을 해야 답을 알 수 있다. 이처럼 이해하기 질문은 추론하는 능력을 키워 준다. 추론이란 이미 아는 정보를 근거로 삼아 다른 판단을 이끌어 내는 것이다(국어 6-1 나. 211). 그래서 이해하기 질문을 추론 질문이라고도 한다.

이해하기 질문은 비교-대조의 글, 주장-근거의 글, 문제-해결의 글 등에 두루 적용할 수 있다. 특히, 이해하기는 나의 생각과 언어로 표현해야 한다는 사실을 알아두자.

③ 적용하기 질문

이미 알고 있는 정보 즉 개념, 원리, 절차, 공식 등을 구체적인 상황에 활용하여 문제를 해결하도록 요구하는 질문이다. 정보를 실제적으로 사용하는 방법이나 절차를 묻거나, 적용한 후의 효과를 묻는 것도 이에 해당한다. 아래 인용은 조선의 근대화 과정을 사건들을 중심으로 직선형 연표를 만든 것이다(초등 사회 6-1, 77쪽).

이렇게 연표를 만들려면 무엇을 알아야 할까? 연표 만드는 순서와 연표 틀에 대해 알아야 한다. 이때 어떤 질문을 해야 했을까?

질문 1. 어떤 순서로 연표를 그려야 할까?

질문 2. 각 순서(단계)에서 해야 할 일은 무엇인가?

질문 3. 주어진 내용으로 직선형 연대표를 만드시오.

적용하기 질문은 기억하기와 이해하기 질문을 바탕으로 한다는 사실을 알아 두자. 낮은 수준의 사고(질문 1과 2)를 바탕으로 상위 수준의 사고(질문 3)를 하는 이치는 다음 단계에서도 똑같다.

④ 분석하기 질문

어떤 정보를 구성 요소나 부분으로 나누고, 드러나 있지 않은 것을 깊이 있게 조사하고 생각하며, 요소들 간의 관계성을 파악하도록 안내하는 질문이다. 예를 들어, 한 편의 글을 읽고 서론, 본론, 결론을 구분하는 것도 분석하기에 해당한다.

⑤ 평가하기 질문

어떤 기준에 비추어 옳고 그름, 좋고 나쁨, 쓸모나 가치 등을 판단하는 질문이다. 이 질문은 주어진 정보나 사실에 대해 비판하고, 자신의 입장을 적극적으로 개진하는 사고를 말한다.

초등학교 국어 6-1 가에 논설문을 읽고, 표현의 적절성을 판단하는 학습 활동(135쪽)이 있다. 아래에서 질문(판단 기준)이 평가하기 질문에 해당한다.

(4) 이 글에서 다음과 같은 표현을 썼는지 판단해 보세요.

판단 기준	판단 결과
주관적인 표현을 썼나요?	예, 아니요
모호한 표현을 썼나요?	예, 아니요
단정하는 표현을 썼나요?	예, 아니요

⑥ 창안하기 질문

창안은 새로운 그 무엇을 찾아내거나 계획을 세우고, 문제를 해결하는 방안을 알아내는 것이다. 창안하기 질문은 가장 높은 수준의 사고를 촉진하고 창의력을 기르는 데 초점이 있다. 초등학교 사회 6-2(지학사)에 「2. 통일 한국의 미래와 지구촌의 평화 → 3. 지속 가능한 지구촌」이 있다. 이 단원 중에 "지속 가능한 미래를 위한 방안에는 무엇이 있을까요?"라는 차시가 있다. 이것이 창안하기 질문에 해당한다.

사고하는 수준에 따라 여서 가지 질문 전략을 알아봤는데, 적용하기 질문과 창안하기 질문을 헷갈려하는 친구들이 있다. 두 가지는 이렇게 구분된다.

적용하기 질문은 특정 정보를 가져다가 다른 상황이나 문제에 어떻게 사용할 것인지를 묻는 것이다. 이에 반해 창안하기 질문은 주어진 정보의 일부분을 바꾸거나 다른 요소를 가미해서 새로운 것을 만들도록 요구하는 것이다.

✿ ✿ ✿

첫째, 공부하면서 읽기 과정별로 질문하자.

둘째, 교과서 읽기 전략(SQ3R)의 모든 단계에서 질문하자.

셋째, 사고 수준에 따라 질문하는 순서를 암기하자.

넷째, 기억하기 질문은 읽기 자료의 내용에 관해 회상하는 것이다.

다섯째, 이해하기 질문은 의미를 찾아내고 추론하는 것이다.

여섯째, 적용하기 질문은 기존의 정보를 특정 상황에 사용하는 것이고,
　　　창안하기 질문은 새로운 것을 만들어 내는 것이다.

일곱째, 높은 수준의 사고를 자극하는 질문을 많이 하자.

이제 친구와 함께 성장하는 과정처리 질문하기(03)로 넘어가자.
친구와 짝이 되어 교대로 질문자와 답변자의 역할을 하면 함께 성
장하고 우정을 쌓을 수 있다. 이것이 함께 공부의 주인이 되는 협력
적 주도성을 실천하는 길이다.

03
과정처리 질문하기

과정처리 질문은 무엇인가

과정처리 질문의 흐름

글쓴이가 대학에서 학생들을 가르쳐 오면서 가장 인상에 남는 장면을 꼽으라면 단연코 이것이다. 초등학교로 교육실습을 나간 학생(교생)이 연구 수업을 하는 중에 발문(질문)을 하였다.

잠깐! 질문(質問)은 모르는 사람(학생)이 아는 사람(교사)에게 묻는 것이고, 발문(發問)은 아는 사람이 모르는 사람에게 묻는 것이다. 두 개념을 구분해야 하지만, 특별한 경우를 빼고는 질문으로 표현하겠다.

어느 수업의 한 장면 ①

교사: 여러분, 부패한 우유를 고르는 방법을 말해 볼까요?

학생 1: 우유팩이 부풀어 오른 것은 먹으면 안 됩니다.

교사: 그렇지요. 우유가 부패하면 팩이 부풀어 올라요.

학생 2: 선생님 질문 있어요. 왜, 우유가 부패하면, 팩이 부풀어 오르나요?

교사의 발문(부패한 우유를 고르는 방법)에 학생 1이 정확하게 대답하였다. 교사가 학생을 칭찬하고, 다음 소주제로 넘어가려는데, 학생 2가 번쩍 손을 들었다. "우유가 부패하면, 왜 팩이 부풀어 오르나요?" 그 순간 교실에는 정적이 흘렀다. 교생은 잠시 생각을 정리하

더니 칠판에 명확하게 답(요점)을 적었다.

글쓴이가 소개한 수업의 한 장면은 무엇인가? 과정처리 발문(질문)에 관한 것이다. 과정 처리 질문이란 교사의 핵심 질문(첫 질문)에 대한 학생의 반응을 보완하고 개선하기 위한 질문(재반응)이다. 깊이 파고 들어간다고 해서 탐색 질문(probing)이라고도 한다.

과정 처리 질문의 틀(흐름)				
과정	교사 질문	⇒	학생 반응	⇒	교사 재반응(질문)
분류	핵심 질문		?		과정 처리 질문

핵심 질문은 질문의 내용과 사고 기능을 확인시켜 주는 최초 질문이다. 예에서, 교사가 "부패한 우유를 고르는 방법(질문 내용)을 말해 볼까요(사고 기능)?"라고 한 것이 핵심 질문이다. 교사의 핵심 질문에 학생 1이 "우유팩이 부풀어 오른 것은 먹으면 안 됩니다."라고 대답(반응)하였다.

다시 수업의 한 장면으로 가자. 교사가 학생 1의 반응을 칭찬하고, 이를 인용한 다음에 넘어가려 하자 학생 2가 질문하였다.

"우유가 부패하면, 왜 팩이 부풀어 오르나요?"

교사가 학생의 첫 반응에 칭찬을 하고서, 곧 이어 학생 2가 질문한 내용으로 학생들에게 다시 질문했다면, 그것이 바로 과정처리 질문이다. 어느 수업의 한 장면 ①을 과정처리 질문의 흐름이 드러나도록 바꾸어 봤다.

```
┌─────────────────────────────────────────────────┐
│              어느 수업의 한 장면 ②                │
├─────────────────────────────────────────────────┤
│  핵심 질문(교사)                                  │
│     ↳ 여러분, 부패한 우유를 고르는 방법을 말해 볼까요? │
│                                                   │
│  학생 반응(학생 1)                                │
│     ↳ 우유팩이 부풀어 오른 것은 먹으면 안 됩니다.     │
│                                                   │
│  과정처리 질문(교사)                              │
│     ↳ 맞아요. 팩이 부풀어 오른 우유를 먹으면 안 됩니다. │
│       그런데 여러분, 우유가 부패하면, 왜 팩이 부풀어 오를까요? │
└─────────────────────────────────────────────────┘
```

이처럼 과정처리 질문은 학생의 반응에 대해 다시 질문하는 것이다.

과정처리 질문의 중요성

친구와 함께 서로 질문하고 답하면서 공부하는 중에 과정처리 질문을 실천하는 것이 중요한 이유는 무엇일까?

첫째, 깊이 있는 공부, 생각하는 공부를 할 수 있다. 교사가 수업 장면 ①처럼 마무리하면, 수업에 참여한 학생들은 기억하기 수준에서 사고하고 끝난다. 그렇지만 교사가 수업 장면 ②처럼 과정처리 질문을 했다면, 학생들은 기억하기를 넘어 이해하기 수준에서 생각했을 것이다.

둘째, 메타인지 역량을 키워 준다. 교사가 다시 물었을 때, 우유가 부패하면 팩이 오르는 이유를 모르는 학생들은 옆 친구에게 묻거나, 서로 뭐지?, 뭐지? 이렇게 웅성거렸다. 교사의 질문을 통해 아는 것과 모르는 것을 분간하는 기회가 된 것이다.

셋째, 시험 문제를 준비할 수 있다. 선생님께서 내는 문제는 기억하는 수준에서 끝나지 않는다. 최근에는 이유를 말하거나 적용하거나 새로운 것을 창안하는 것 등 보다 수준 높은 사고를 자극하는 문제를 강조한다. 과정처리 질문은 '더 파고 들어가는 것이니까' 시험을 대비하는 좋은 기회가 된다.

넷째, 과정처리 질문을 익히면 구술 평가나 면접 등에서 추가 질문에 잘 대처할 수 있다. 구술 평가나 면접에서는 면접자가 핵심 질문을 한 다음에 피면접자가 대답을 하면 다시 추가 질문을 한다. 그래서 면접 등에서 좋은 점수를 받으려면, 핵심 질문 다음에는 다시 추가 질문이 올 것을 미리 예상하는 습관을 들여야 하다.

인공지능과 과정처리 질문

미국 콜로라도 주립 박람회 미술대회의 디지털아트 부문에서 게임 기획자 제이슨 M 앨런(Jason M. Allen)이 인공지능으로 그린 스페이스 오페라 극장이 1위에 올랐다.[15]

앨런은 프로그램에 80시간 동안 900번이 넘는 지시어를 입력하여 그림을 완성하였다. 질문하고, 답을 보고 또 재질문하기를 수백 번 반복했다.

이 그림을 예술작품으로 인정해야 하는지 논란이 있었지만, 작가의 이런 노고(재질문하기)를 인정하여 최고상을 주었다. 글쓴이가 이 그림을 소개한 이유가 무엇일까?

과정처리 질문은 프롬프트 엔지니어링의 핵심 과정이다. 프롬프트 전문가가 되고 싶다면, 공부하는 과정에서 과정처리 질문(재질문)을 꾸준히 연습하자. 글쓴이가 경험한, '뿔난' 고양이 그림 사건으로 과정처리 질문과 프롬프트의 과정이 하나라는 것을 확인해 보자.

과정처리 질문, 어떻게 해야 할까

부추기기(고쳐 묻기)

친구가 핵심 질문에 대해 "잘 모르겠다"고 말하거나 그런 신호를 할 때, 다시 질문하는 것이 부추기기(고쳐 묻기, prompting)이다. 프롬프트라는 낱말이 여기서도 쓰였다. 부추기기는 친구가 대답을 잘 하도록 촉진하는(자극하는) 질문이다. 고쳐 묻기를 잘 하는 요령을 보자.

- 기대되는 사고 수준(반응)을 자극할 수 있도록 분명한 용어와 내용으로 고쳐 묻는다.
- 정답이나 적절한 응답의 단서가 되는 어구나 표현을 추가한다.

• 하나의 질문을 두 개의 질문으로 나누어 제시한다.

> **부추기기 실천 예-초등 사회 6-1**
>
> **핵심 질문(나):** 일제 강점기에 단발령을 반대했던 이유가 무엇이었지?
> **친구 반응:** 잘 모르겠는데.
>
> **재질문 1:** 일제 시대에 남자들에게 상투를 틀지 말고 자르라 한
>   단발령을 반대한 이유가 무엇이지?
> **재질문 2:** ① 단발령이 무엇이야?
>   ② 단발령을 반대한 이유가 무엇이지?

재질문 1은 친구가 단발령의 뜻 자체를 잘 모르는 것 같아서, 그
것을 설명하는 내용을 앞에 추가하였다. 재질문 2는 핵심 질문을 두
개로 나누어 제시한 예이다. 핵심 질문에 대한 첫 반응을 보완하거
나 자극하는 재질문하는 과정에서 질문자도 한 번 더 공부할 수 있
다. 질문을 받은 사람이 질문을 다시 해달라고 하는 것도 일종의 재
질문이다.

명료화

핵심 질문에 대한 답이 부정확한 경우에는 보다 정확하게 말해
달라고 요구하는 것이 명료화(clarification)이다. 이때는 힌트나 단서
를 주어서는 안 된다. 친구가 스스로 정보를 보충하거나 의미를 추
가하도록 한다. 명료화는 어휘력을 향상하는 데 도움이 되며, 핵심
질문이나 재질문에 대해서도 적용할 수 있다.

> ### 명료화 실천 예
>
> **핵심 질문(나):** 일제 강점기에 단발령을 반대했던 이유가 무엇이었지?
> **친구 반응 1:** 하나가 되게 하려는 거지.
>
> **재질문 1:** 그래? 다시 생각하고 분명하게 말해 줄래?
> **친구 반응 2:** 우리나라의 민족정신을 없애 자기네에게 동화시키려
>   는 거지.

친구가 핵심 질문에 답을 했지만 명료하지(정확하지) 않다. 그래서 다시 분명하게 말해달라고 재질문하였다. 그랬더니 친구가 괄호처럼 분명하게 답을 하였다.

정교화

정교화(elaboration)는 친구가 핵심 질문에 답을 하였지만 너무 단순한 경우, 더 자세하게 답하거나 예를 들라고 재질문하는 것이다. 이렇게 하면 친구가 더 깊이 있게 이해하고, 상위 수준의 사고를 하도록 촉진하거나 유도하는 셈이다.

> ### 정교화 실천 예
>
> **핵심 질문(나):** 일제 강점기에 단발령을 반대했던 이유가 무엇이
>   었지?
> **친구 반응 1:** 우리나라를 지키려고 한 거지.
>
> **재질문:** 우리나라를 지킨다는 말을 더 자세하게 말해 줄 수 있어?
> **친구 반응 2:** 우리나라의 전통이 없어지면 그들에게 쉽게 동화되
>   고, 그러면 독립은 영영 어려워졌겠지.

과정처리 질문을 통해 "우리나라를 지킨다"는 대답이 보다 깊이
있게 변하였다.

정교화와 명료화를 비교해 보자. 명료화는 정확하지 않게 대답했
을 때 재질문하는 것이고, 정교화는 대답을 맞게 하기는 했으나, 빈
약하거나 보다 깊이 있게 이해하도록 유도하는 재질문 전략이다.
두 개를 하나로 묶어 생각해도 좋다.

방향 다지기

하나의 핵심 질문에 대해 여러 친구가(친구와) 돌아가면서 한 가
지씩 서로 다른 대답을 하면서 함께 공부할 수 있다. 이것이 방향 다
지기(redirecting)이다. 이렇게 하면 공부의 방향(목적지)을 향해 함께
갈 수 있고, 다양한 관점과 지식을 공유할 수 있다.

방향 다지기 실천 예

핵심 질문(나): 일제가 우리나라를 동화시키려고 한 일이 무엇이지? 한 가
지씩 말해 볼까? 유건이 먼저 답해 줘.

유건 반응: 우리나라 말(조선어)을 못 쓰게 했지.

겨울 반응: 우리 이름을 못 쓰게 하고, 일본 이름으로 바꾸라 했어.

가을 반응: 남자들에게 단발령을 내렸어.

과정처리 질문에는 입증하기(verifing)도 있
다. 이것은 친구의 대답 속에 담긴 생각이나
정보가 어디에서 온 것인지 생각하게 한다.

① 정보의 원천, ② 개인의 체
험, ③ 원리의 일반화, ④ 권
위자의 언급

✿   ✿   ✿

첫째, 과정처리 질문은 핵심(최초) 질문에 대한 반응을 보고 다시 질문
  하는 것이다.

둘째, 과정처리 질문은 프롬프트 과정과 유사하거나 일치한다.

셋째, 과정처리 질문은 메타인지능력, 깊이 있는 학습, 시험 준비 등에
  효과적이다.

넷째, 부추기기를 할 때는 기대하는 수준의 사고를 분명한 용어로 다시
  질문한다.

다섯째, 정확한 답을 요구할 때는 명료화 질문을 한다.

여섯째, 예를 들거나 상위 수준의 사고를 촉진할 때는 정교화 질문을
  한다.

일곱째, 방향 다지기 질문은 친구와 함께 공부의 방향을 정하고, 함께
  성장하게 해 준다.

온워드

성장하기 1	수업 중 질문 습관과 개선할 점을 생각해 보자.

① 하루(일주일) 중 수업에서 질문을 몇 번 하였는가?
② 질문하지 않는다면, 그 이유는 무엇인가?
③ 앞으로 성장(수업 중 질문) 계획을 세워 보자.

성장하기 2	한 단원을 정해 사고 수준별로 질문하자.
기억하기	
이해하기	
적용하기	
분석하기	
평가하기	
창안하기	

성장하기 3	친구와 함께 과정처리 질문을 연습해 보자.	
유형	내용	
	핵심 질문: 반응: 재질문:	
	핵심 질문: 반응: 재질문:	

제4장

날마다 성장하는 공부 성찰

공부와 인생은 하나다

> 진정한 비교의 대상은 외부에 있는 것이 아니라 어제의 나와 오늘의 나 사이에 있다.
>
> -안철수(영혼이 있는 승부)-

인생살이든 공부든 나를 돌아보는 능력이 성장과 성공을 결정한다. 특히, 학업 과정에서 내가 아는 것과 모르는 것을 확인하면서 공부하고, 나의 공부 방법과 습관을 개선하는 메타인지 학습이 성적을 올리고 '대학 넘어' 생애능력을 기르는 비결이다.

제4장에서는 공부의 결과와 과정을 성찰하는 기법(SUN 성찰, IU 성찰, 만다라트 성찰), 강점 선언하기, 학업수행을 피드백하는 원리를 이해하고 실천하는 역량을 기르자.

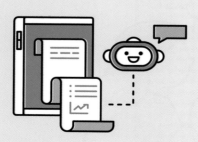

01
인생 성장의 힘, 성찰

어떻게 살아야 할까

삶의 첫째 원리: 나를 돌아보기

성찰(省察, Reflection)은 뒤를 굽어본다(to bend back)는 뜻이다. 거울에 비추어 보듯, 자기의 행동, 마음을 반성하고 살피는 것이 곧 성찰이다.

성현들은 성찰을 삶의 근본 원리로 가르쳤다. 공자의 제자인 증자(曾子)는 성찰의 표본이었다. 그는 하루에 세 번씩 자신에게 묻고 반성하였다(吾日三省吾身).

첫째, 남을 위해 일하는 데 있어서 최선(정성)을 다 하였는가?
둘째, 친구들과 교제하는 데 있어 신의가 없지는 않았는가?
셋째, 전수받은 가르침을 꾸준히 익혀 실천하였는가?

고대 그리스 델포이의 아폴론 신전 기둥에 새겨진 유명한 신탁(인간의 물음에 대한 신의 응답), "너 자신을 알라(Know Thyself)"는 경구는 후세의 사람들에게 삶의 지표가 되었다. 인류의 위대한 스승, 소크라테스는 검토되지 않은 삶은 살 가치가 없다고 가르쳤다. 산파술 또한 성찰의 중요성을 말해 준다. 무지에 대한 자각(自覺)이 지식에 이르는 출발점이다. 내가 모르는 것이 무엇인지 깨달으면 진정한 지식(지혜)이 무엇인지 찾아 나설 수 있다.

자기 성찰적 사고(self-reflective thinking)는 가장 높은 수준의 사고다.[1] 조영신은 『성공하는 한국인의 7가지 습관』에서 이렇게 말하고 있다.

> "우리는 타인이 아닌, 어제의 내 모습과 경쟁해야 한다. 어제와 비교해 오늘의 내 모습이 더 발전하고, 행복해야 하며, 오늘보다 내일의 내 모습이 더 비교 우위에 있도록 만들기 위해 최선을 다 해야 한다."

『선물』의 저자, 스펜서 존슨(Spencer Johnson)은 세상에서 가장 소중한 선물, 귀중한 시간을 사용하는 세 가지 방법을 말하고 있다. 그 중에 하나가 과거에서 배우기이다.[2]

> "과거보다 나은 현재를 원한다면 과거에 일어났던 일을 돌아보라. 그것에서 소중한 교훈을 배워라. 지금부터 다르게 행동하라."

인공지능 시대와 성찰

인공지능은 사람이 원하는 것을 척척 만들어 주지만, 자신의 행위를 검토하고, 분석하고, 평가하지는 못한다. 인공지능의 결과물을 인간 삶에 유용하게 활용하기 위해서는 비판적으로 검토하는 성찰능력이 필요하다.[3] 인공지능과 공존하고, 인공지능에 뒤처지지 않으려면 사색하고 해석하는 힘을 길러야 한다. 4차 산업혁명 시대가 되고, 인공지능 기술이 발달하면서 되레 인문학적 상상력을 강조하는 이유를 잘 음미해 보자. 문제를 해결하는 데 필요한 정보 수집이나 계산력은 인간이 인공지능을 따라 잡을 수 없다. 그렇지만 인간 내면의 심층적 욕구를 이해하고, 복잡하게 얽힌 인류의 문제를 해결하려면 직관적 통찰력이 있어야 한다. 스티브 잡스(Steven Paul Jobs)가 삶에서 중요한 것은 자신의 마음과 직관을 따르는 용기라고 말한 데서 성찰의 중요성을 알 수 있다. 그가 아이폰을 개발한 것은 인도 여행을 하고 명상 경험을 통해 자신을 성찰하고 삶의 본질을 깨우치려 노력한 것과 무관하지 않다. 특히, 인공지능은 이미 존재하는 것을 조합하거나 일정한 구조 내에서 새로운 아이디어를 창출하는 창의력을 뛰어나지만 완전히 새로운 틀을 만들어 내는 변화적 창의력에 이르지는 못하였다. 결국 인공지능이 할 수 없는, 사색하고 성찰하는 아날로그적 인간 역량이 더 중요하다.

공부 성장의 힘은 무엇인가

메타인지 공부

일상생활에서 자신을 되돌아보는 성찰이 중요한 것처럼, 공부에서도 반성적 사고(reflective thinking)가 필요하다. 시험이 끝난 후, 세 학생이 보인 반응을 보자. 나중에 누가 시험을 더 잘 보고, 좋은 성적을 얻을까?

> 영수: 시험 끝났다. 얘들아, 스트레스 확 풀게 게임하러 가자.
> 지훈: 친구야, 그래도 몇 개 맞았는지 세어 보고는 가자.
> 영수: 다음 시간에 선생님께서 알려 주실 텐데. 빨리 가자고.
> 유건: (혼자 책을 뒤적이며) 틀린 부분을 맞게 고쳐 써야 했는데. 난 문제 끝까지 읽지 않는 게 문제야(①). 이제 문제를 밑줄 치면서 읽고 중요한 지시어에는 동그라미를 쳐야겠어(②).

공부할 때 아는 것과 모르는 것을 분간하는 습관이 중요하다. 공부한 내용을 제대로 이해하고 있는지 점검하면서 공부하는 것이 메타인지 학습이다. 시험을 보고서 틀린 문제에 대해 오답 노트를 만드는 것이 대표적인 예이다.

메타인지(meta-cognition)는 자신이 무엇을 알고, 무엇을 모르는지 스스로 깨닫는 능력이다. 메타(meta)란 '~에 대하여'라는 뜻이고, 인지(認知)란 무엇을 감각하고, 지각하고, 기억하고, 이해하고, 판단하는 일련의 지적 작용을 말한다. 둘을 합한 메타인지는 상위(上位) 인지라고도 하는데, 생각에 대한 생각, 이해에 대한 이해를 말한다. 내가 어떻게 생각하고, 이해하고 있는지 그 자체를 생각(이해)하는 것이 메타인지이다.

메타인지를 학습에 활용하려면 어떻게 해야 할까? 메타인지 연구의 권위자, 리사 손(Lisa Son)은 학습의 과정에서 사용하는 메타인지 전략을 두 가지로 설명한다.[4]

첫째, 모니터링(monitoring) 전략이다. 모니터링은 자신이 갖고 있는 지식의 양과 질, 방법과 전략에 대해 평가하는 것이다. 앞 예에서, 유건은 모니터링 전략을 사용하여 자신이 문제를 끝까지 읽지 않아서 틀렸다는 것을 알아냈다(131쪽에서 ①). 그는 거울을 보는 것처럼 자신의 시험 행동을 스스로 되돌아보는 모니터링을 하였다.

둘째, 컨트롤(control) 전략이다. 자신의 현재 상태를 모니터링한 것을 바탕으로 학습의 방향을 정하는 것이 컨트롤 전략이다. 유건은 밑줄을 치면서 시험 문제를 읽고, 지시어에는 동그라미를 치겠다(②)고 다짐하였다. 이것이 자신의 행동을 변화시키는 컨트롤 전략이다.

공부를 잘 하려면 메타인지를 구성하는 모니터링 전략과 컨트롤 전략을 잘 활용해야 한다.

메타인지, 성찰 중심의 공부

리사 손은 우리나라의 부모들에게 메타인지 공부의 주체는 자녀(아이)라고 강조한다. 두 엄마 중 누가 지혜로운가?

> 지훈 엄마: 오늘 학교 갔다 와서 수학 4단원(그래프의 종류) 문제를 풀어야 해. 엄마가 퇴근하고서 정답을 확인할 테니 열심히 해.
>
> 겨울 엄마: 오늘 학교 갔다 와서 수학 4단원(그래프의 종류) 문제를 풀고, 정답지를 보고 스스로 채점을 해 봐. 그런 다음에 틀린 문제를 다시 풀어 보고, 왜 틀렸는지 이유를 엄마에게 설명해 줘.

지훈이와 겨울이 중에, 누가 더 공부를 제대로 했을까? 겨울이가 공부하는 과정에서 문제를 더 깊이 있게 풀었을 것이다. 왜 틀렸는지 알아야 하고, 엄마에게 설명도 해야 하니까. 메타인지 학습은 중요한 것과 중요하지 않은 것을 가려내고, 내가 설명할 수 있는 것과 설명할 수 없는 것을 구분하는 능력도 포함한다.

메타인지를 키우려면 겨울이처럼 자신의 학습과정을 스스로 판단할 수 있어야 한다. 성적이 부진한 원인이 모니터링에 있는지 컨트롤에 있는지 파악할 수 있는 주체는 부모가 아닌 자녀(나) 자신이다.

지훈이 엄마처럼 부모가 공부의 결과(점수, 성적 등)에만 관심을 두면 자녀가 메타인지 능력을 키우기 어렵다. 단기적으로는 지훈이가 성적이 뛰어날지 모르지만, 장기적으로는 겨울이가 학업과정에서 성공할 확률이 높다. 왜냐하면 무엇을 얼마나 아느냐보다는 학습하는 과정에서 스스로 문제해결 전략을 찾아낼 수 있기 때문이다.

학습하는 과정에서 성찰이 중요한 것은 국가 교육과정에서도 엿볼 수 있다. 최근 학교에서는 학습의 결과만 평가하는 것이 아니라 학습의 과정을 중시한다. 특히, 과정 중심의 수행평가([그림 1-6] 참조)에서는 학생의 자기주도학습, 협력적 학습 태도, 문제해결 역량 등을 중시한다. 그리고 이 과정에서 학생들에게 학습과정을 스스로 성찰하도록 안내하고 학생평가에 반영한다.

성찰, 성장 마인드 셋, 생애능력

미국의 컬럼비아 대학교에서 성장마인드 셋을 가진 사람과 고정 마인드 셋을 가진 사람들을 대상으로 실험을 했다.[5] 성장 마인드 셋은 지능은 변할 수 있는 것이고, 노력이 중요하다고 믿는 마음의 태세를 말한다. 반면에 고정 마인드 셋은 지능은 태어날 때부터 정해진 것이라 변화하기 어렵고, 인간은 타고난 능력에 의해 좌우된다고 믿는 태도를 말한다.

실험에서 어려운 질문에 답하며 피드백을 받는 동안 뇌가 어떻게 작동하는지 비교하였다. 고정 마인드 셋을 가진 사람들은, 뇌는 자신들이 제출한 답이 맞거나 틀렸다고 말해 줄 때만 관심을 보였다. 특히, 질문에 대해 추가적인 정보를 제시했을 때는 아무 반응을 보이지 않았다. 더 배울 수 있는 피드백에는 관심이 없었다. 그러나 성장 마인드 셋을 가진 사람들은 달랐다. 정답에 관심을 갖기보다는 자신의 지식을 더 늘릴 수 있는 정보(피드백)에 더 관심을 기울였다.

이 실험은 점수, 성적에 머무르지 말고, 실수(실패)했더라도 그 원인을 찾으려고 노력해야 성장한다는 것과 일맥상통한다. 메타인지 학습, 공부 성찰은 성장 마인드 셋을 몸에 배게 하는 것과 다름없다. 되돌아보기를 해서 정보, 지식을 더 얻으려는 유건은 성장 마인드 셋을 가졌다고 할 수 있다.

리사 손은 메타인지의 진정한 의미를 강조한다. 그는 메타인지 (학습하는 과정에서의 성찰)를 단지 공부 잘하는 방법으로만 오해하지 말라고 권고한다. 메타인지는 평생 키워 나가야 하는 능력이다. 메타인지는 세상을 지혜롭게 살기 위한 능력이고, 생애능력이라는 것이다.

결국 공부 성찰은 나의 생애 성장을 이끄는 힘이다. 점수, 성적에만 몰두하는 공부는 당장은 성취감을 높이고, 자존감을 가져다줄지 모르지만, 나를 진정 성장하는 사람으로 만들지는 못한다. 내가 아는 것과 모르는 것, 나의 강점과 고칠 점은 무엇인지 생각하는 공부는 삶에 대한 통찰력(insight)을 길러 준다. 성찰하는 역량을 기르면 앞, 미래를 내다보는 안목(foresight)을 가질 수 있다. '대학 넘어'의 삶을 주도적으로 살아갈 평생학습자로 성장하려면 성찰을 중심에 두고 공부해야 한다.

✿　✿　✿

첫째, 성찰은 자신을 되돌아보고, 앞으로 나가기 위한 통찰과정이다.

둘째, 성찰은 인생과 공부의 성장, 성공을 위한 힘이다.

셋째, 학습성찰은 생각에 대한 생각(이해에 대한 이해)을 말한다.

넷째, 메타인지 중 모니터링은 아는 것과 모르는 것을 구분하는 것이다.

다섯째, 메타인지 중 컨트롤은 모니터링을 바탕으로 학습의 방향과 전략을 찾아내는 것이다.

여섯째, 공부 성찰은 성장 마인드 셋과 공부 주도성의 원동력이다.

일곱째, 부모는 자녀에게 평생 학습자가 되도록 메타인지 환경을 조성해 주는 사람이 되어야 한다.

공부의 결과(내용) 성찰하기 **02**에서는 글쓴이가 기존의 사고 기법 등을 응용하여 만든 공부 성찰의 방법을 소개한다. 공부한 내용이나 결과를 스스로 모니터링하는 SUN 공부 성찰하기, IU 공부 성찰하기, 만다라트 공부 성찰하기를 익히자.

02
공부의 결과(내용) 성찰하기

공부 성찰, 어떻게 할까

SUN 공부 성찰하기

글쓴이가 생각해 낸 SUN 공부 성찰은 이미 알려진 두 가지 읽기 전략에서 아이디어를 얻었다. 두 가지 전략은 그 자체로 공부 주도성을 키우는 데 도움이 되므로, 이 기회에 확실하게 익히자.

① K-W-L 읽기 전략　　이 전략은 교과서를 읽는 과정에서 아래와 같이 질문하면서 차트에 기록하는 것이다.

첫째, 내가 이미 알고 있는 내용은 무엇인가(What I Know)?
둘째, 내가 알고 싶은 것은 무엇인가(What I Want to know)?
셋째, 새로 알게 된 것은 무엇인가(What I Learned)?

이렇게 읽으면 무엇을 알려고 하는지, 무엇을 알았는지 스스로 모니터링하는 효과가 있다. K-W-L을 실천한 내용[6]을 보자.

K 무엇을 알고 있나?	W 무엇을 알고 싶은가	L 새로 알게된 내용은 무엇인가?
• 동남아시아나라 • 영국은 인도 지배 • 플랜테이션 농업	• 영국은 어떻게 인도를 지배했나?	• 인도의 종교 분쟁과 지방 세력의 다툼 → 영국이 프랑스와의 플라시 전쟁에서 승리 → 인도 진출권 독점(지방 세력과 결탁) → 동인도회사 설립: 면화 재배와 면제품 생산, 수출 ※ 인도는 영국의 원료 공급지와 상품 시장
	• 인도는 어떻게 민족 운동을 했나?	• 세포이의 항쟁(영국군 진압) → 영국 왕이 인도제국의 황제를 겸하자 지식인과 종교 지도자 반영운동 + 근대화 운동 → 영국이 인도 국민회의조직 → 뱅골 분할령 발표 → 국민회의가 반영 운동 중심 ※ 국민회의파가 스와데시(국산품 애용), 스와라지(인도인의 자치) 결의, 전국 저항 운동

② K-L-S 읽기 전략　이 전략도 K-W-L과 비슷한데, 역시 세 가지 질문을 한다.

첫째, 내가 이미 알고 있는 내용은 무엇인가(What I Know)?
둘째, 내가 새로 안 내용은 무엇인가(What I Learned)?
셋째, 더 알고 싶은 내용은 무엇인가(Still What to know)?

K-L-S 전략은 중학교 국어 교과서에도 소개된 적이 있다.[7]

K-W-L, K-L-S 기법과 비슷한 틀이 현재 초등학교 국어 교과서 (6-1 가)에도 나와 있다. 예컨대, 단원마다 학습을 계획하는 과정에서 세 가지 질문(무엇을 알고 있나요? 무엇을 알고 싶나요? 무엇을 하고 싶나요?)을 하고 있다.

③ SUN 공부 성찰의 과정   SUN 공부 성찰을 실천할 때도 앞에 있는 두 가지 전략처럼 세 가지 질문을 해 나간다.

첫째, 공부한 내용은 무엇인가(What I Studied)?
둘째, 더 공부해야 할 것은 무엇인가(What I Need study)?
셋째, 정확하게 이해한 내용은 무엇인가(What I Understood)?

제2장의 예제를 바탕으로 SUN 공부 성찰의 순서를 이해해 보자. 먼저, 단원을 공부하고 나서 중요하다고 생각하는 소주제를 S(공부

한 내용)에 모두 쓴다. S는 수업(공부)하고서 곧바로(그날) 하는 것이 좋다. 이때 가지 수를 너무 많게 하면 초점을 잃기 쉽다. 다음으로, S에 쓴 것 중에 잘 이해하지 못한 것들을 N(더 이해하지 못한 내용)에 쓴다. 일반적으로는 이해한 내용을 먼저 떠올리지만, 여기서는 이해하지 못한 것을 먼저 쓰자. 이것도 수업이 끝난 후에 곧바로 하는 게 좋다.

　마지막으로, S 중에서 확실하게 이해한 내용을 U(확실하게 이해한 내용)에 쓴다. U를 채울 때 순차적인 사고가 필요하다. 공부를 마친 후 이해한 내용을 기록한다(S의 ㉮~㉯). 그런 다음에, 잘 이해하지 못한 내용을 나중에 공부하여 이해했다면 N에서 두 줄로 지우고(②의 ㉣ 이승만과 김구의 정부 수립 주장), U에 옮겨 쓴다(③의 ㉯).

SUN 공부 성찰의 예	
① S(공부한 내용)	
㉮ 신탁통치의 뜻	㉱ 북한의 정식 국가 명칭
㉯ 신탁통치의 찬성과 반대 이유	㉲ 남한에서만 총선거 실시한 이유
㉰ 국제 연합의 기능	㉳ 한반도 분단의 문제점
㉠ 제헌 헌법의 의미	㉯ 이승만과 김구의 정부 수립 주장

② N(이해하지 못한 내용)	③ U(확실하게 이해한 내용)
㉮ 신탁통치의 찬성과 반대 이유	㉮ 신탁통치의 뜻
㉯ 남한에서만 총선거 실시한 이유	㉯ 국제 연합의 기능
㉰ 이승만과 김구의 정부 수립 주장	㉰ 제헌 헌법의 의미
	㉣ 북한의 정식 국가 명칭
	㉤ 한반도 분단의 문제점
	㉥ 이승만과 김구의 정부 수립 주장
	㉦
	㉧

공부 성찰의 화살표 방향으로 보면, 그 이름을 SNU라 하는 것이 맞다. 그렇지만 대개 공부할 때 이해한 것(U)을 먼저 생각하고, 모르는 것(N)은 나중에 떠올린다. 그래서 SUN이라 했다. 이렇게 표현하면 태양(sun)을 떠올릴 수 있으니까 쉽게 기억할 수 있다.

결국 이런 사고의 흐름으로 공부 성찰을 하면 왼편에 있는 것을 모두 오른편으로 옮기기고 싶은 욕구가 생길 것이다. N(이해하지 못한 내용)에 아무것도 남아 있지 않으면 공부를 제대로 한 셈이다. 이렇게 완전한 학습(이해)에 이르도록 스스로 점검해 나가면서 공부하면 공부 주도성의 길을 갈 수 있다.

IU 공부 성찰하기

IU 공부 성찰은 어떤 일을 할 때, 중요도와 실행도를 분석하는 기법(Importance-Performance Analysis: IPA)에서 아이디어를 얻었다. 공부한 후에 각각의 학습 요소에 대해 중요도(Importance)와 이해도(Understanding)를 결합하여 성찰해 보자.

고 ↑ 이해도 (U) ↓ 저	I (공부안심 영역 1) 국제연합의 기능	III (완전공부 영역) • 신탁통치의 뜻 • 남한에서만 총선거 이유 • 제헌 헌법의 의미 • 신탁통치의 찬성-반대 이유
	II (공부안심 영역 2) 북한의 정식 국가 명칭	IV (우선공부 영역) • 한반도 분단의 문제점 • 이승만과 김구의 주장 비교
저	← 중요도(I) →	고

실천한 내용을 함께 보면서 IU 공부 성찰의 네 가지 영역을 알아
보자. 첫째, 공부한 내용 중에서 중요하지는 않지만 완전하게 이해
한 것은 Ⅰ(공부안심 영역 1)에 쓰자. 둘째, Ⅱ(공부안심 영역 2)에는 크게
중요하지 않고, 충분하게 이해하지도 못한 것을 쓴다. Ⅰ과 Ⅱ는 중
요도가 낮은 편이니, 크게 염려할 필요가 없다. 따라서 둘 다 안심
영역이라 하였다.

셋째, Ⅲ(완전공부 영역)에는 중요하다고 생각한 내용을 제대로 공
부한 것을 쓴다. SUN 공부 성찰에서 공부한 내용이 모두 U에 모여
야 하는 것처럼, IU 공부 성찰에서도 Ⅲ이 꽉 차야 한다. 마지막으
로, Ⅳ(우선공부 영역)에는 중요한 내용인데도 이해하지 못한 내용을
쓴다. 공부 성찰을 해야 하는 가장 중요한 이유는 우선적으로 공부
할 내용을 찾아내는 데 있다. 특히, 처음에는 Ⅳ에 있던 내용을 모두
Ⅲ으로 옮기는 것이 IU 공부 성찰의 목적이다.

이제 IU 공부 성찰을 실천하는 요령을 알아보자.

- Ⅳ(우선공부)에 해당하는 내용은 지체하지 말고, 빠른 시간에
  다시 공부한다.
- Ⅲ(완전공부)에 해당하는 내용은 반복적으로 공부한다.
- Ⅳ→ Ⅲ →Ⅱ→ Ⅰ의 순서로 비중을 두고 공부하자.
- Ⅰ과 Ⅱ은 시간과 에너지를 적게 들여도 된다.

IU 공부 성찰을 실천할 때 세 가지를 더 생각하자. 첫째, 칸을 채우
는 순서는 융통적으로 생각하자. 맨 먼저 Ⅲ을 생각해도 된다. 그러
면 공부에 더 자신감을 가질 수 있다. 반면에, Ⅳ를 먼저 생각하면 실
력을 더 쌓는 데 초점을 두고 공부하는 습관을 가질 수 있다.

둘째, 나의 공부습관, 특히 시험을 준비하는 방식을 되돌아보자. 어떤 친구들은 IV와 관련되는 문제는 소홀히 하고, III에 해당하는 문제만 반복적으로 풀기도 한다. IV는 난이도가 높은 내용이므로, 평소에 이것을 집중적으로 공략해야 한다. 그렇지 않으면 시험에서 좋은 점수를 얻기 힘들다.

만다라트 공부 성찰

SUN 공부 성찰이나 IU 공부 성찰은 하루 공부 또는 한 단원을 단위로 한다. 그렇다면 보다 긴 안목에서 한 주나 (대)단원의 공부를 성찰하려면 어떻게 해야 할까? 창의성을 계발하는 기법으로 알려진 만다라트로 공부를 성찰하는 능력을 길러 보자.

만다라트(Mandal-Art)[8]는 활짝 핀 연꽃 모양으로 아이디어를 다양하게 발상해 나가는 데 도움을 주는 사고 기법이다. 일본의 마츠무라 야스오(Matsmura Yasuo)가 개발했으며, 그 모양에 빗대어 연꽃 만개법(또는 개발자 이름의 첫 철자를 따서 MY 기법)이라 하기도 한다. 여기에 사용되는 차트는 불교의 만다라(Manda la)와 형태가 유사하여 만다라트라 부른다. 만다라트는 manda(본질의 깨달음)+la(달성 및 성취)+art(기술)로, 본질을 깨닫는 기술, 목적을 달성하는 기술의 의미를 갖고 있다.

만다라트는 미국 메이저리그에서 투수와 타자로 이름을 날리고 있는 오타니 쇼헤이(Ohtani Shohei)가 고등학교 시절에 일본 8구단 드래프트 1순위가 되는 것을 목표로 작성한 계획표가 공개되면서 사람들에게 더 익숙해졌다.

불교 만다라

오타니 만다라트(계획표)

오타니 선수가 만든 목표 계획표를 보면서 만다라트를 실천하는 원리를 보자.

첫째, 가로 세로 정사각형 9칸으로 된 표(만다라트)를 그리자.

둘째, 가장 가운데 칸에 이루고자 하는 최종 목표를 정한다(일본 8구단 드래프트 1순위).

셋째, 최종 목표를 중심에 두고, 하위 목표를 8가지를 생각하여 작성하자(진한 표시 칸).

넷째, 각 하위 목표에 따른 실행목표를 8개씩 구체적으로 작성하자.

만다라트 기법으로 한 주(단원)의 공부를 성찰할 때는 핵심 공부 주제를 정해 실천한다. 핵심 공부 주제는 차시별로 중요한데 이해하지 못한 내용(SUN에서 N, IU에서 IV)을 중심으로 하되, 이해했지만 중요한 내용, 그리고 더 깊이 있게 공부해야 할 내용(실제 수행 등)을 포함하는 것이 좋다. 만다라트를 응용하여 한 주(단원)의 공부를 성찰하는 요령을 실천한 내용(145쪽)을 함께 보면서 알아보자.

실천한 내용은 초등학교 사회 5-2(지학사) 중에 한 단원을 정해 만다라트 사고를 기반으로 공부 성찰을 실천한 예이다. 하나의 대단원(2)에 세 개의 소단원이 있는데, 두 번째 소단원(일제의 침략과 광복을 위한 노력)은 도입부를 제외하면 차시(소주제)가 여섯 개이다.

> 2. 사회의 새로운 변화와 오늘날의 우리
> ❶ 새로운 사회를 위한 움직임
> ❷ 일제의 침략과 광복을 위한 노력
> ❸ 대한민국 정부의 수립과 6·25 전쟁

2단원. 일제의 침략과 광복을 위한 노력		
1. 영조와 정조의 정책 ① 균역법의 불평등 문제	2. 실학자의 주장 ① 『어린이 목민심서』 읽기(독후감 쓰기)	3. 서민문화의 이해 ① 춘향 테마파크 관람하기 ② 판소리, 탈춤 체험하기
4. 흥선 대원군의 정책 ① 강화도 조약의 부당성 주장하기(논술)	핵심 공부 주제	5. 개화에 관한 관점 ① 급진적 개혁파의 실패 이유와 시사점 찾기
6. 동학 농민 운동 ① 동학 농민군의 개혁안 정리하기	-	-

⬇

핵심-필수 공부 주제
① 춘향 테마파크 체험하기(가족 탐방하기)
② 목민서 읽고 독후감 쓰기
③ 급진적 개혁파의 실패 이유 → 정치인(대통령 등)에게 주는 교훈

첫째, 가운데 칸에 핵심 공부 주제라 쓴다. 이때 소단원(실천 예에서 ❷)을 대상으로 하는 것이 좋다. 그런 다음에 소단원들을 모아 대단원을 중심으로 핵심 공부 주제를 찾아내면 한 학기 동안의 공부 성찰을 할 수가 있다.

둘째, 차시별로 우선적으로 공부할 주제를 찾아낸다. 차시별로, SUN 성찰에서 N에 해당하는 내용, 그리고 IU 성찰에서 IV(우선 공부 영역)에 해당하는 내용이 우선적으로 공부할 내용이다.

셋째, 차시별로 확실하게 이해하였지만 특히 중요하다고 생각되는 내용을 찾아 적는다. SUN 성찰에서 U에 해당하는 내용, 그리고 IU 성찰에서 III(완전 공부 영역)이 여기에 해당한다.

넷째, 차시별로 수행평가에 반영되거나 더 깊은 공부를 위해 필요한 공부거리(독서 등)를 찾아 적는다.

다섯째, 둘째와 셋째, 넷째를 종합하여 핵심-필수 공부 주제를 중요도에 따라 정한다. 이것은 핵심 공부 주제 중에서도 보다 중요하여 필수적인 것을 말한다.

여섯째, 핵심 공부 주제의 가짓수를 정할 때 선택과 집중의 원리를 적용한다. 개수가 너무 많으면 초점을 잃어버릴 수 있고, 너무 적거나 아예 없으면 공부할 기회가 부족하다.

마지막으로, 만다라트 칸을 융통적으로 만들자. 차시 개수를 고려하여 8개 이내로 만들어도 된다. 그리고 소주제별로 하위 목표와 실행목표를 구분하지 않고 통합해도 된다.

이렇게 핵심 공부 주제를 정하고, 그것들을 다시 종합하여 핵심-필수 공부 주제를 확인한 후에는 어떻게 하면 좋을까? 춘향 테마파크에 가서 서민들의 생활을 체험하는 것(①)은 학기 중에 하기는 곤란하다. 이것들은 이 책의 제7장(학업 생활을 계획과 실천)에서 공부할 월 계획 등에 반영하자.

❀   ❀   ❀

첫째, SUN 공부 성찰은 공부한 내용(S) → 더 공부할 내용(N) → 확실하
　　게 이해한 내용(U)의 순서로 스스로 점검하는 것이다.
둘째, SUN 공부 성찰은 하루 공부(한 단원)를 단위로 실천한다.
셋째, IU 공부 성찰은 공부한 내용 중에 중요도(I)와 이해도(U)를 기준으
　　로 공부 결과를 점검한다.
넷째, IU 공부 성찰에서는 '우선 공부 주제'를 찾아 '완전 공부 영역'으로
　　옮기는 데 초점이 있다.
다섯째, 만다라트 공부 성찰 기법은 한 주 또는 단원 중심으로 우선적으
　　로 공부할 주제를 확인하는 방법이다.
여섯째, 만다라트 공부 성찰은 SUN 공부 성찰에서 N(더 공부할 내용),
　　IU 공부 성찰에서 '우선 공부 주제'를 중심으로 핵심 공부 주제를 계
　　획하는 것이다.
일곱째, 핵심 공부 주제 중에 더 중요한 것을 '핵심–필수 공부 주제'로
　　정하고, 월 계획 등에 반영하자.

03(공부의 과정 성찰하기)에서는 공부 과정(역량)을 성찰하는 기
법으로 공부 기준과 수준 설정하기, 강점 키우기, 피드백 전략을 익
히자.

03
공부의 과정 성찰하기

공부 성찰의 기준을 어떻게 만들까

공부 기준

공부한 내용이나 결과뿐만 아니라 공부하는 과정 자체를 성찰하려면 어떻게 해야 할까? 공부의 기준, 목적지가 정해져야, 그에 이르는 과정을 제대로 거쳤는지 되돌아볼 수 있다. 여행할 때도 길 도우미에 목적지를 정확하게 입력해야 원하는 곳에 도착할 수 있는 이치와 같다. 공부의 기준을 잘 만드는 원칙을 생각해 보자.

첫째, 공부의 양이나 점수를 공부의 기준으로 착각하지 말자. 어떤 과목을, 어디서부터 어디까지 공부하겠다는 것은 공부의 내용이다. 학습지 문제 10개 중에 8개를 맞힌다는 것도 공부의 진정한 기준이 될 수는 없다. 이것은 공부의 기준에 도달하는 과정 내지는 수단에 불과하다.

둘째, 무엇을 실천할 것인가를 공부의 기준으로 삼자. 더 정확하게 말하면, 공부를 하고 나서 내가 무엇을 할 수 있는지(doing, 행함)가 공부의 기준이다. 초등학교 국어 6-1가의 4단원을 예로 들어보자.

> ❹ 주장과 근거를 판단해요.
>　○ 주장하는 글에 담긴 내용이 타당하고, 표현이
>　　 적절한지 <u>판단해 봅시다.</u>

　밑줄은 글쓴이가 쳤다. 만약 밑줄을 '알아봅시다.'라고 했다면 어떨까? 안다는 것은 지식을 말하고, 판단한다는 것은 실천(행함)을 말한다. 실천은 겉으로 드러나는 행동만 의미하는 것이 아니라 높은 수준의 사고(적용, 평가, 창안 등)까지 포함한다. 결국 공부할 때 단순하게 '앎'에 그치지 않고 '행함'의 수준으로 공부의 기준을 정해야 역량을 쌓을 수 있다.

　셋째, 공부의 기준을 분류하자. 위 4단원(주장과 근거를 판단해요.)의 명칭과 목표를 진술한 문장의 핵심어를 보자.

> 단원명 – 주장 + 근거
> 목표 진술 – 내용의 타당(성) + 표현의 적절(성)

이들 내용에서 공부의 목표를 아래처럼 찾아낼 수 있지 않을까?

> ① 주장의 타당성을 어떻게 알 수 있을까?
> ② 근거의 적절성은 어떻게 알 수 있을까?

　이제 정리해 보자. 공부의 기준을 정할 때는 실천하기(행함)에 초점을 두고 정하고, 그것을 뒷받침하는 하위 목표를 2~3개로 정하자.

이때 상위 목표를 핵심 기준, 하위 목표를 토대 기준이라 해도 좋다. 이렇게 파악을 했다면, 나의 생각과 언어로 공부의 기준을 써 보자.

핵심 기준	주장과 근거를 어떻게 판단해야 할까?

⬇

토대 기준	주장의 타당성을 어떻게 알 수 있을까?
	근거의 적절성을 어떻게 알 수 있을까?

이렇게 공부의 기준을 정해야 공부 성찰의 초점이 분명해진다.

공부의 수준

양궁 과녁을 비유로 생각해 보자. 궁사들은 과녁의 한가운데를 목표로 활을 쏜다.

그렇지만 매번 가운데 원(10점)에 화살을 넣을 수는 없다. 기준점(10점)에 얼마나 가까이 쐈는지에 따라 9점, 8점…… 이렇게 점수를 준다. 공부 수준도 이렇게 만들면 된다.

공부 수준이란 공부 기준에 어느 정도 근접하였는지 확인하는 틀이다. 선생님들께서도 수행평가를 할 때 채점 기준표(평가 루브릭)를 만들어 사용한다. 이것이 곧 공부 수준을 나타낸다. 예컨대, 초등학교 국어 6-1 가의 142쪽에 각자 논설문을 써서 발표하고, 친구의 발표 내용을 들은 뒤에 평가하도록 안내하고 있다. 여기서는 평가(성찰)의 하위 기준이 네 가지인데, 그 수준을 3단계로 나눈 셈이다.

자신이 쓴 논설문을 발표하고, 친구들의 발표 내용을 들은 뒤에 평가해 봅시다.

친구 이름 \ 평가 기준	주장이 가치 있고 중요하다.	근거가 주장과 관련 있다.	근거가 주장을 뒷받침한다.	표현이 적절하다.
	○○○	○○○	○○○	○○○
	○○○	○○○	○○○	○○○
	○○○	○○○	○○○	○○○
	○○○	○○○	○○○	○○○

✎ 매우 그렇다: ●●●, 그렇다: ●●, 보통이다: ●

선생님들처럼 공부 수준을 스스로 확인할 수 있는 루브릭을 만들어 보자. 그러면 공부하는 과정에서나 공부를 하고 나서 '나'의 공부 정도, 수준을 확인하는 데 도움이 된다.

공부 기준 × 공부 수준			
공부 기준 \ 공부 수준	평가 척도		
	아주 일치한다.	약간 일치한다.	일치하지 않는다.
① 주장이 가치 있고 중요하다.			
② 근거가 주장과 관련이 있다.			
③ 근거가 주장을 뒷받침한다.			
④ 표현이 적절하다.			

이렇게 평가(공부) 기준에 따라 그 정도를 나누어서 판단한다면, 공부의 수준을 더 구체적으로 성찰하는 데 도움이 될 것이다. 결국

공부 성찰을 잘 하려면 스스로 공부의 목표(기준)를 만들고, 거기에 어느 정도 도달했는지를 스스로 확인할 수 있는 공부 수준의 틀을 만들어야 한다.

강점을 어떻게 키울까

장점과 강점 구분하기

공부 성찰을 하는 목적은 내가 성장하고 발전하는 데 있다. 학업 성찰에서 나의 강점은 무엇이고, 개선할 점이 무엇인지를 확인해 보자.

그런데 공부하는 중에나 일상생활에서 어휘의 뜻을 구분하지 않고 사용할 때가 있다. 장점과 강점도 그렇다. 장점은 '좋거나 잘하거나 긍정적인 점'이고, 강점은 '남보다 우세하거나 뛰어난 점'이다. 예를 들어 비교해 보자.

① 나는 끈기가 있다.
② 나는 어려운 문제도 포기하지 않고, 해결책을 찾아낸다.

①은 장점이고, ②는 강점이다. 밑줄에서 알 수 있듯이, 장점은 성격적 특성으로, 남과 비교의 대상이 아니다. 반면에 강점은 행동이나 능력과 관계가 있고, 비교 대상과 상황에 따라 변할 수 있다.

대학 진학이나 취업을 위한 면접 과정에서 장점과 강점을 잘 구분해야 한다. 만약에 면접관으로부터 자신의 강점을 소개하라는 질문을 받았다고 가정해 보자. 두 지원자 중에 누가 더 후한 점수를 받았을까?

지원자 1. 저는 사람들과 어울리는 것을 좋아합니다.

지원자 2. 저는 사람들과 어울리는 것을 좋아해서, 축구 동아리에 가입해 토요일마다 축구를 합니다.

지원자 1은 자신의 장점을 말하고 끝났다. 지원자 2는 장점과 그에 따른 강점까지 말하였다. 강점은 나를 표현하고, 어필할 때 장점보다 더 힘이 있다. 지원자 2처럼 나의 뛰어난 점을 강조하여 강점목록을 만드는 연습해 보자.

강점 선언문 작성하기

강점(Strength)의 저자 버킹엄(Marcus Buckingham)은 강점을 더 깊이 있게 설명해 준다.[9] 그는 강점이란 "한 가지 일을 완벽에 가까울만큼 일관되게 처리하는 능력"이라 정의하였다. 또 어떤 특성이 자신의 강점이 되려면 반복, 성공, 만족이라는 세 가지를 충족시켜야 한다고 말한다. 어떤 특성을 반복적으로 실천하여 성공(그것을 기대)할 수 있어야 한다. 그리고 그 과정에서 만족을 느껴야 한다. 예컨대, 내가 파워포인트 실력이 출중하다고, 모둠 활동을 할 때 친구들이 나에게만 발표문을 만들라 한다고 가정해 보자. 그때 나는 완벽하게 발표 자료를 만들었지만, 마음속으로 "이번이 끝이야. 왜 나만해야 해. 너무 지겨워." 이렇게 생각한다면 강점이 될 수 없다. 버킹엄은 세 가지 요소에 한 가지를 더 추가하라 권고한다. 그 일로 내가 '강해졌다'는 것을 느껴야 한다.

버킹엄은 강점 선언(strength statement)을 작성하는 방법을 알려준다. 강점 선언에는 '나는 강해진 기분이다.'라는 문장을 맨 앞에두고, 행동과 구체적인 상황을 포함한다. 그리고 그 강점은 두루 활용할 수 있는 일반적인 것이어야 한다.

> **강점 선언 – 나는 강해진 기분이다.**
> 국어 선생님께서 추천해 주신 필독서를 읽고 스스로 독후감을 작성
> 하였을 때 나는 강해진 기분이었다.

　이 예는 필독서를 읽고 독후감을 작성하였다는 구체적인 상황과
관련된 나의 행동이다. 그리고 이런 행동은 다른 과목에도 적용할
수 있는 일반적인 것이다. 그런데 이때 중요한 게 있다. 다른 사람
이 나에게 한 일을 써서는 안 된다. 예컨대, 강점 선언 1을 "다른 친
구들이 내가 만든 PPT를 보고 칭찬할 때 나는 강해진 기분이었다."
이렇게 쓰지 말라는 것이다.

약점보다 강점에 초점 두기

　평소에 나를 소개할 때 강점을 강조하는가? 아니면 보완해야 할
약점을 더 강조하는가? 학교 수업에서 학생들이 발표를 하거나 수
행을 한 뒤에 자기평가를 하라 하면, 긍정적인 것보다는 부정적인
것을 더 많이 말한다. 자기정체성과 자아개념을 긍정적으로 형성하
려면 평소에 자기성찰을 긍정적으로 하는 것이 필요하다.

　어느 축구 감독의 지혜로운 코칭 전략을 배워 보자. 그는 선수를
지도할 때 단점을 개선하기보다는 강점을 더 계발하도록 애를 쓴단
다. 약점을 보완하면 실수는 줄일 수 있어도 경기에서 승리를 가져
올 수는 없다. 모든 선수가 평범한 선수가 될 테니까. 그보다는 모
든 선수가 자신의 강점을 더 발전시키면 팀 전체로 보아 각자의 약

점을 상쇄하고도 남을 시너지 효과가 생긴다. 그래서 팀보다 위대한 선수는 없다고 말한다.

공부 성찰에서도 나의 부족한 점을 찾아 개선하는 노력을 해야겠지만 그것이 중심이 된다면, 나는 별로 특색 없는 사람이 되고 말 것이다. 그러면 자신감과 효능감이 떨어질 것은 뻔하다. 이제 이렇게 해 보자.

① 약점보다 강점을 먼저 말하자.
② 약점 개수보다 강점 개수를 더 많이 말하자.

함께 성장할 수 없을까

공부 성찰은 학업 과정과 결과를 스스로 피드백하여 성장하는 데 목적이 있다. 그렇지만 나를 제대로 이해하려면 친구의 피드백이 중요하다. 친구와 함께 서로 피드백하면 성찰의 힘이 배가 되고, 더불어 성장하는 기쁨을 맛볼 수 있다.

글쓴이가 대학생들을 가르치면서 실천하고 있는 경험을 토대로 함께 피드백하는 방법을 소개한다. 글쓴이는 거의 모든 수업을 학생 중심의 플립러닝(거꾸로 수업)으로 진행하고 있다. 이때 학생들이 수업을 보다 주도적으로 이끌어 가도록, 형성평가나 수행평가 과정에서 학생들이 채점하는 원칙을 정해 실천하고 있다.

학생들이 협동학습(직소수업)을 하고서, 서술형 문제로 형성평가를 치렀을 때 서로 피드백하는 과정을 보자. 이 과정은 이 책을 읽고 있는 학생들이 서로 피드백할 때 그대로 따르면 된다.

첫째, 각자 문제를 푼다.

둘째, 친구와 서로 문제지를 교환한다.

셋째, 채점을 한다. 틀린 문제에 정답을 써 준다. 모든 문제를 보
　　충해 준다. 이때 책을 보거나 다른 친구와 상의해도 된다.

넷째, 시험지를 돌려준다.

다섯째, 친구가 채점, 보충한 내용을 자세하게 읽고 이해한다.

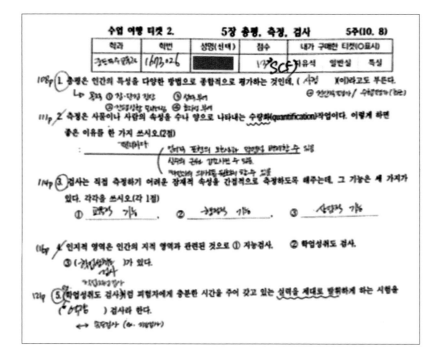

　이렇게 채점하면, 어떤 효과가 있을까? 첫째, 반복학습을 할 수
있다. 각자 문제를 풀 때 한번 공부한 것이고, 채점하고 보충하면서
한 번 더 공부하는 셈이다. 그리고 친구가 보충한 것을 돌려받아 읽

으면 또 공부하게 된다. 이렇게 하면 세 번 공부할 수 있다. 둘째, 심화학습을 할 수 있다. 채점하면서 맞는 내용인지 깊이 검토해야 하고, 보충하는 과정에서 아는 내용도 다시 생각해 보아야 한다. 책을 다시 보고, 인터넷 자료도 보아야 한다. 시험 문제를 풀고 정답을 확인하는 공부는 피상적인 공부(surface learning)에 그친다. 그러나 이렇게 친구와 함께 채점하고 보충하는 공부 과정을 거치면 심층적인 공부(deep learning)를 할 수 있다. 셋째, 시험과 평가에 대한 새로운 관점을 갖는다. 시험과 평가는 점수, 성적보다는 나의 실력을 쌓는 데 진정한 의미가 있다.

글쓴이가 학생들에게 채점을 하라고 하니, 처음에는 당황해했다. 그렇지만 평가는 학습의 과정이고, 학습을 위한 평가가 중요하다고 계속 강조하였더니 수긍하였다. 결국 스스로 또는 동료가 푼 문제를 채점하면서 공부에 대한 주인의식을 갖게 되었다.

> **시험과 평가는 학습의 (을 위한) 과정이다.**

이것을 과정 중심의 평가라 한다. 선생님들께서 포트폴리오를 강조하시는 것도 과정 중심의 평가이다.

마지막으로, 사회적 자본이 형성된다. 글쓴이는 학생들에게 "서로 신뢰하고, 서로 공정하고, 서로 사랑하는 마음으로", 이렇게 자주 암송하게 한다. 그 의미를 생각해 보자. 첫째, 친구가, 내가 푼 시험지를 정확하게 채점했다고 믿자(신뢰), 둘째, 아는 친구라고 점수를 너무 후하게 주지 말고 객관적으로 하자(공정), 셋째, 친구가 성장하기를 바라는 마음으로 피드백을 충분하게 해 주자(사랑).

글쓴이가 실천하고 있는 대로 한번 시도해 보자. 친한 친구와 함께 공부하고 각자 문제를 푼 다음에, 서로 문제지를 바꾸어 채점하고 보충해 주자. 그리고 그 느낌을 공유해 보자.

❀ ❀ ❀

첫째, 공부의 과정을 성찰하려면 공부의 기준을 행함(doing)에 초점을 두고 만들어야 한다.

둘째, 공부의 기준에 따른 공부의 수준을 만들어야 공부 성찰을 잘할 수 있다.

셋째, 강점은 행동이나 능력과 관계가 있는 것으로 비교 대상과 상황에 따라 달라질 수 있다.

넷째, 강점을 더 드러내도록 노력함으로써 약점을 상쇄하도록 노력해야 한다.

다섯째, 강점은 반복, 성공, 만족을 충족해야 한다.

여섯째, 공부에 대한 피드백은 과제 수행의 과정, 자기조절에 초점을 두어야 한다.

일곱째, 친구와 함께 피드백을 하면 협력적 주도성을 기를 수 있다.

온워드

성장하기 1	과목을 정해 한 단원의 공부 내용에 대해 IU 기법으로 성찰하자.

고 ↑ 이 해 도 (U) ↓ 저	Ⅰ(공부안심 영역 1)	Ⅲ(완전공부 영역)
	Ⅱ(공부안심 영역 2)	Ⅳ(우선공부 영역)

저 ← 중요도(I) → 고

성장하기 2	단원을 정해 공부 기준과 공부 수준을 계획하자.

공부 기준	공부 기준				
	공부 수준				
공부 수준	요소	성찰 내용	상	중	하

성장하기 3	나의 강점을 원리에 맞게 작성해 보자.
실천 1	
실천 2	

제5장

비판적 사고와 논술

인간 고유의 능력을 지키자

　할루시네이션(Hallucination)! 사실에 근거하지 않은 '그럴듯함'의 오류, 가짜 뉴스가 사람들을 혼란하게 한다. 인공지능 시대, 무엇인 진실인지 판단하려면 비판적으로 사고하는 역량을 길러야 한다. 논리적으로 생각하고, 글을 쓰는 능력은 챗GPT 시대에 인간 고유의 역량을 기르는 바탕이다.

　이 장에서는 논술에 필요한 사고 구조, 즉 논증의 조건을 공부하자. 그리고 논술의 구성 부분을 원리에 맞게 쓰는 연습을 하자. 마지막으로, 고쳐 쓰기를 통해 논술 역량을 기르자. 특히, 이 장에서는 초등학교 국어 교과서의 단원과 중학생이 작성한 논술로 고쳐 쓰기를 익히도록 하였으니 찬찬히 따라가 보자.

01
인공지능과 생각하는 힘

인공지능에 어떻게 대처할까

할루시네이션

한국인의 20대 남녀 모습이라 이름 붙은 그림이 SNS에 올라왔다. 남자들은 추위 속에 군장(軍裝)을 하고 있고, 여자들은 카페에서 함박웃음을 지으며 여유롭게 시간을 보내고 있다.[1]

챗GPT 4.0으로 그렸다 하였지만, 네티즌들 간에 의견이 갈렸다. 현실을 잘 반영한 것이라는 쪽과 숨은 의도나 편견을 갖고 질문을 했으니 이렇게 나온 것 아니냐, 의심하는 쪽으로 나뉘었다.

인공지능이 발달하면서, 할루시네이션(Hallucination)이라는 신조어가 생겼다. 할루시네이션은, 인공지능이 객관적 사실과 맥락에 근거하지 않고, 그럴듯함의 오류를 범하거나 그럴싸한 오답을 내놓는 현상이다.[2] 할루시네이션은 할루시네이트(hallucinate)에서 왔다. 할루시네이트는 건강 이상이나 약물 중독 상태에 빠져, 환영, 환청, 환각을 느낀다는 뜻이다. 케임브리지 사전은 할루시네이트의 본래 뜻(존재하지 않는 것을 보고, 듣다)에 '인공지능이 잘못된 정보를 생성하다'는 의미를 추가하였다. 또한 이 단어가 영국의 케임브리지 사전과 미국의 온라인 사전 딕셔너리 닷컴(Dictionary.com)에서 2023년 올해의 단어로 선정되었다.[3]

인간의 몫, 비판적 사고

인공지능은 한국인의 20대 남녀 모습을 왜 이렇게 그렸을까? 우리나라가 분단국가라는 특수성에 초점을 두고 묘사했을 수 있다. 남녀를 갈라치기 하려는 의도가 숨어 있다고 의심할 수도 있다. 한류 문화에 익숙한 외국인이라면 인지적 불일치를 겪을 법도 하다.

챗GPT 3.5가 등장한 지 1년이 조금 넘은 시점에 이를 경험한 사람들에게 조사하였더니, 그것이 내놓는 답변을 신뢰하는 사람은 40%에 불과하였다.[4] 인공지능의 할루시네이션을 어떻게 극복할까? 인공지능은 자신의 결과물을 스스로 평가하지 못한다는 사실에 주목하자.

생성형 인공지능이 만들어 낸 결과물을 최종적으로 해석하고, 판단하고, 선택하는 것은 인간의 몫이다.[5] 인공지능이 만들어 내는 산출물을 무작정 받아들이지 말고, 그것이 사실인지, 논리적 오류는 없는지, 문화적 다양성을 담보하는 것인지, 문제를 해결할 수 있는 대안을 제대로 제시하였는지 의심하고 따져봐야 한다. 인공지능 시대에 비판적 사고(critical thinking)를 인간 역량의 맨 앞자리에 놓는 까닭이다.[6]

비판적 사고란 생각을 더 잘하기 위해서, 생각하는 동안 생각에 관해 생각하는 것이다. 왜 비판적 사고가 필요할까? 인간의 사고는 그대로 두면 종종 편견, 과잉 일반화, 논리적 오류, 자기 중심의 편협한 사고에 빠지기 쉽다. 데카르트가 "나는 생각한다. 그러므로 존재한다."라고 외친 것도 비판적 사고와 깊은 관련이 있다. 무엇이 진실인지 모르니, 항상 의심하고, 회의(懷疑)하라는 것이었다. 그는 이미 400여 년 전에 생성형 인공지능의 시대가 올 것을 알았는가?

　비판적 사고는 내가 나의 사고를 되돌아보고 그것에 대해 반성할 때 시작된다. 비판적 사고를 사고에 관한 사고라 말하는 이유이다. 결국 비판적 사고는 '훌륭한' 사고의 표준을 충족시키는 사고라야 한다.

　비판적 사고의 표준은 글을 읽거나, 토론이나 논술을 하면서 나의 생각, 주장을 나타날 때 기준으로 삼을 수 있다. 그것들을 알아보자.[7]

① 명료성　명료성은 비판적 사고의 출발점이다. 나의 생각이나 주장이 명료한지 판단하려면 두 가지 질문을 해야 한다. 첫째, 이 생각(주장)이 나의 마음속에서 명료한가? 둘째, 다른 사람이 알 수 있도록 명확하게 표현하고 있는가?

② 정확성　정확성은 옳음, 사실, 진리와 관련된 표준이다. 따라서 내가 사실과 일치되게 말하고 표현하고 있는가? 실제로 존재하는 것인가? 이런 물음을 자주 해야 한다.

③ 정밀성　정밀성은 세부 사항을 구체적으로 제시하는 것을 말한다. 일반적으로 모호하다는 것은 정밀하지 못함을 말한다. 정밀성은 명료성과 관계가 있지만 둘은 구분된다. "저 사람은 부자다"라는 표현은 무엇을 말하고자 하는지 명료하다. 그러나 이것이 정밀성을 가지려면 "저 사람은 100억짜리 빌딩을 갖고 있다." 이렇게 말해야 한다.

④ 적절성(관련성)　생각하는 것이나 주장하는 주제와 관련되는

정도를 적절성이라 말한다. 대학에서 학생들이 성적을 받아 보고서 "저는 출석도 다 했는데, 왜 A가 아닌가요?" 이렇게 질문하는 경우가 있다. 성적은 전체 성적을 결정하는 데 차지하는 비율이 낮다. 출석은 전체 성적을 결정하는 데 관련성이 적은 셈이다.

⑤ 논리성 생각이나 주장들이 서로 이치에 맞게 뒷받침할 때 논리적이라고 말한다. 특히 논술을 할 때 이유, 근거가 주장을 잘 뒷받침해야 한다.

⑥ 충분성 주장에 대한 이유나 근거를 댈 때 필요한 요소들을 빠짐없이 고려하거나 추론하는 것은 충분성에 해당한다. 특히, 여러 이유나 근거 중에 결정적인 것을 포함하여야 한다.

비판적 사고의 기준(표준)에는 중요성(의의), 폭넓음(다각성), 깊이(심층성)의 조건도 있다. 결국 비판적 사고의 기준에 해당하는 것들은 논술을 잘하기 위한 논증의 조건으로 전이된다. 이 장의 02(논증하기)와 함께 잘 익혀 두자.

챗GPT 시대, 어떤 역량을 길러야 할까

미래 일자리와 생각하는 능력

제4차 산업혁명 시대의 인간 역량으로 생각하는 능력을 강조하여 왔다.

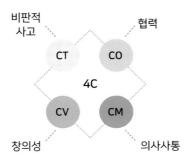

21세기 역량(46쪽)기술에서 가운데를 차지하는 4C 중에 비판적 사고와 창의성이 있다. 나머지 두 가지, 협력과 의사소통도 이것들을 뒷받침하고, 촉진하는 역량이다.

한편 최근에 세계경제포럼(WEF)에서도 인공지능 시대에 인지적 역량이 중요하다는 사실을 밝혀 주었다. WEF에서는 2년마다 한 번씩 미래 일자리 보고서를 내놓는다. 2023년에도 45개 국가의 803개 기업을 대상으로 미래 일자리를 분석하였다.[8] 그중에 2023년 현재 필요한 역량과 향후 5년간(2023~2027년) 요구되는 역량을 제시하였다.

순위	2023년 현재	향후 5년
①	분석적 사고	창의적 사고
②	창의적 사고	분석적 사고
③	회복탄력성, 융통성, 민첩성	공학 리터러시
④	동기부여와 자아인식	호기심과 평생학습
⑤	호기심과 평생학습	회복탄력성, 융통성, 민첩성
⑥	공학 리터러시	시스템 사고
⑦	상호의존성과 세부 주의력	AI와 빅 데이터

⑧	감정이입과 적극적 경청	동기부여와 자아인식
⑨	리더십과 사회적 영향력	재능 관리
⑩	질 통제	서비스 지향과 고객 서비스

보고서에서는 제시한 26개 역량 중에 상위 10개만 가져왔다. 2023년 현재 요구되는 역량과 향후 5년간 요구되는 역량 중에 분석적 사고와 창의적 사고가 자리만 바꾸어 첫째, 둘째를 차지하였다. 비판적 사고는 분석적 사고, 추론적 사고, 창의적 사고로 구성되므로[9] 인공지능 시대의 어떤 능력이 중요한지 단적으로 알 수 있다.

인공지능의 시대에 필요한 인지적 역량 중에 창의성(창의력)을 생각해 보자. 인공지능이 인간의 영역을 침범해 오자 그래도 인간이 우위를 뺏기지 않을 것으로 창의성을 들었다. 김난도 등은 이기준(연세대학교 교수)이 창의력을 구분한 것에 토대를 두고 진전된 설명을 해 준다.[10] 창의력은 ① 조합하는 창의력(기존의 것을 조합해 새로운 것을 만드는 것), ② 탐구적 창의력(잘 성립된 구조에 바탕을 두고, 그 경계 내에서 새로운 아이디어를 내는 것), ③ 변화적 창의력(완전히 새로운 구조를 만드는 것)으로 구분된다.

세 가지 창의력 중에 인공지능은 조합하는 창의력과 탐구하는 창의력을 발휘하였다. 인공지능이 창의적 영역에 도전하고 있지만, 변화적 창의력은 여전히 인간의 영역이다.

논술 역량 기르기

앞으로 인공지능 교과서가 종이 책으로 된 교과서를 대체하거나 함께 쓰일 전망이다. 그러면 학생들에게 맞춤형 교육을 할 수 있다. 생성형 인공지능이, 학생들의 과제를 분석해서 틀린 부분을 잡아 주고, 보완해야 할 점을 알려 줄 수 있다. 학생의 학업과정이나 성적을 분석하여 개별적으로 피드백을 제공할 수도 있다. 인공지능 교과서는 학습 수준이 높은 학생에게는 심화학습을 하게 도와주고, 학습속도가 느린 학생에게는 기초학습부터 차근차근 학습하도록 안내하는 이점이 있다.

그런데 학생들이 생성형 인공지능을 자유롭게 활용하는 환경을 앞에 두고 되레 걱정거리가 생겼다.

"생성형 인공지능은 생각할 기회를 빼앗을 수 있다."

책을 읽지 않고도 생성형 인공지능의 힘으로 독후감을 만들어 제출할 수도 있다. 굳이 친구들과 의사소통, 토의의 과정을 거치지 않고도 결론에 도달할 수 있다. 이렇게 되면 생성형 인공지능은 되레 교육과 학습의 훼방꾼이 될 수 있다. 교육은 생각하는 힘을 기르는 일이고, 학습의 과정은 생각하는 과정인데, 생성형 인공지능이 생각할 기회를 빼앗을 수 있다.

인공지능이 생각의 힘을 약화시킬지 모른다는 염려, 기우(杞憂)를 없애려면 어떻게 해야 할까? 비판적 사고와 창의적인 사고를 키우기 위한 노력을 배가(倍加)해야 한다. 그것의 구체적인 방법이 논술이다. 비판적으로 사고하고 이를 바탕으로 논술하는 능력은 그 자체로 의미가 있지만 인공지능을 보편적으로 활용하는 세상에서는 특히 중요하다. 생성형 인공지능의 함정(할루시네이션과 가짜 뉴스)에 현혹되지 않고, 삶과 학업에서 주인이 되려면 논술의 과정을 통해 비판적으로 생각하는 능력을 기워야 한다.

✿   ✿   ✿

첫째, 할루시네이션(Hallucination)은 인공지능이 그럴듯함의 오류를
범하거나 그럴싸한 오답을 내놓는 현상이다.

둘째, 챗GPT 시대에는 비판적 사고가 중요하다.

셋째, 비판적 사고는 분석적 사고에서 시작하여 종합적 사고, 대안적 사
고로 귀결된다.

넷째, 비판적(critical)이라는 낱말은 '판단하다, 선택하다, 결정하다'는
뜻이 있다.

다섯째, 세계경제 포럼에서, 비판적 사고를 구성하는 분석적 사고와 창
의적 사고를 인공지능 시대의 가장 중요한 인지적 역량으로 꼽았다.

여섯째, 논술은 비판적이고 창의적인 사고를 기르는 지름길이다.

02(논증하기)에서는 논술을 잘하기 위한 토대를 쌓자. 특히, 논증
의 조건을 확실하게 익히자.

02
논증하기

논증, 어떻게 할 것인가

논술과 논증

논술은 어떤 문제를 놓고 글쓴이가 내세우는 주장과 그 주장을 뒷받침하는 근거로 이루어진다. 주장과 근거로 짜인 글이 논술(설)문이다. 초등학교 국어 6-1의 가에 주장과 근거를 공부하는 단원(4. 주장과 근거를 판단해요)이 나온다. 그러니 초등학교 때 꼼꼼히 공부하면 논술 공부의 기초를 튼튼하게 다질 수 있다.

그런데 논술에서 근거가 주장을 잘 뒷받침하는지 판단하려면 비판적 사고를 잘 해야 한다. 즉, 논술은 논증의 사고가 뒷받침되어야 한다. 논증(論證)은 논리적으로 증명한다는 뜻이다. 사전에 나온 논증의 정의를 보자.

> 논증 = 의견이나 주장에 대한 옳고 그름을 근거 또는 이유를 들어 밝히는 일

주장이 타당한지, 주장에 대한 근거가 적절한지 판단하는 것이 곧 논증이다. 논증은 서로 맞서는 주장(찬성-반대)들 가운데, 어떤 주장이 더 받아들일 만한지 도와주는 기능을 한다. 고로 논증은 어떤 결론(하고픈 말인 주장)을 뒷받침하는 근거나 증거를 제시하는 것이다.

논증의 구성 요소

논술을 잘하려면 논증을 잘해야 한다. 초등학교 국어 6-1의 가에
실린 내용으로 논증의 구성 요소를 이해해 보자. 글쓴이가 추가한
원문자에 주의를 기울여 읽어 보자.

> ㉮ 저는 동물원이 있어야 한다고 생각합니다. ㉯ 그 까닭은 첫째, 동물원은 우
> 리에게 큰 즐거움을 줍니다. ㉰ 3,000년 전에 이미 동물원을 만들었을 만큼
> 사람은 동물을 좋아하고, 가까이해 왔습니다. ㉱ 동물원에서는 쉽게 만날 수
> 없는 동물을 가까이서 볼 수 있는데, 열대 지역에 사는 사자나 극지방에 사는
> 북극곰도 쉽게 만날 수 있습니다. ㉲ 서울 동물원에만 한 해 평균 350만 명이
> 방문한다고 합니다. ㉳ 이렇게 많은 사람이 동물원을 좋아하고 동물원에서 즐
> 거움을 느낍니다.
>
> -이하 생략-

동물원이 필요한가에 대해 찬성하는 주장의 근거를 밝힌 글이다.
이 글은 이렇게 구성되었다.

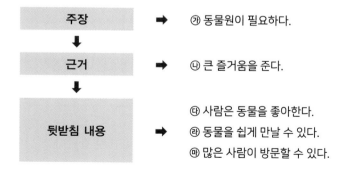

그런데 주장의 근거를 나타내는 문장 ㉯와 그 뒤의 문장들(㉰, ㉱,
㉲)을 보자. 근거는 일반적으로 구체적인 사실(통계, 일어난 일 등)을

의미한다. 그렇다면 ㉰를 뒷받침하는 문장들이 근거의 의미에 더 적절한 것 아닌가? 그래서 다음처럼 고쳤다.

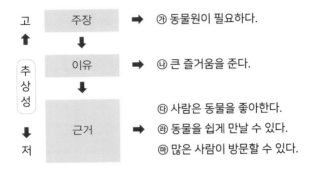

이처럼 논증의 구성 요소를 주장-이유-근거의 흐름으로 이해할 수 있다. 이들 관계를 신봉섭(2023)의 설명에서 이해해 보자.

> **주장**은 글쓴이의 생각이나 견해를 말하고, **이유**는 주장을 뒷받침하는 진술 또는 하위 주장을 말한다. **근거**란 이유를 타당하게 하는 구체적인 예나 사실, 통계 등이다.
> **이유**는 글쓴이가 '생각해 낸 것'인 반면, **근거**는 객관적으로 존재하는 사실이기 때문에 글쓴이가 생각해 낸 것이 아니라는 것도 기억하자.[11]

결국 초등학교 국어에서 근거라고 하는 것은 '이유'에 해당하고, 뒷받침 내용은 '근거'에 해당한다. 이렇게 이유와 근거를 구분하는 것까지 알 수 있다면, 논술을 잘하는 데 필수적인 논증의 기초를 확실하게 다진 셈이다.

주장 ➡ 이유 ➡ 근거

이유(근거)의 조건

논증의 과정에서, 주장을 뒷받침하는 이유나 근거가 적절한지 판단하는 기준은 무엇일까? 초등학교 교과서에는 근거의 적절성만 말하고 있지만, 더 넓게 이해할 필요가 있다. 주장에 대한 이유나 근거가 갖추어야 할 속성을 논증의 조건이라고도 한다. 앞서 본 비판적 사고의 표준이 곧 논증의 조건과 관련이 있다. 아래에서 화살표는 그 조건이 더 중요한 순서를 말한다.

① 적절성(관련성) 적절성은 주장을 뒷받침하는 이유가 (주장과) 얼마나 관련되어 있는지를 말한다. 이유 ㉮와 ㉯는 사교육을 금지해야 하는 주장과 관련이 있다.

주장	사교육을 전면 금지해야 한다.
이유	㉮ 교사들이 학교 수업을 정상적으로 운영하기 어렵다. ㉯ 사교육을 받는 학생들은 학교 수업을 소홀히 한다.

그렇지만 이 두 가지만으로 사교육을 금지해야 한다는 주장이 완벽하게 설득력을 가지려면 다른 조건이 필요하다.

② 진실성(참) ①에서 ㉯가 타당하려면 실제적으로 '참'인지 따져보아야 한다. 그래서 조사를 해 봤더니, 학원 수강을 하는 학생들 중에 선생님께서 내주는 숙제를 해 오지 않는 학생이 학원 수강을 하지 않는 경우에 비해 더 많았다. 결국 ㉯는 적

절성과 함께 진실성(참)도 있다.

주장	사교육을 전면 금지해야 한다.
이유	㉮ 교사들이 학교 수업을 정상적으로 운영하기 어렵다. ㉯ 사교육을 받는 학생들은 학교 수업을 소홀히 한다. ㉰ 사교육을 많이 받을수록 학교 숙제를 하지 않는 비율이 더 많았다.

③ 확실성(충분성)　이유가 사실이고, 참이면 끝인가? 보다 결정
적이고 확실한 이유가 추가되면, 더 좋은 논증이 된다. ㉰로
는 사교육을 금지해야 한다는 주장의 설득력이 약하다. 그래
서 ㉱를 추가하였다.

주장	사교육을 전면 금지해야 한다.
이유	㉮ 교사들이 학교 수업을 정상적으로 운영하기 어렵다. ㉯ 사교육을 받는 학생들은 학교 수업을 소홀히 한다. ㉰ 사교육을 많이 받을수록, 학교 숙제를 하지 않는 비율이 더 많았다. ㉱ 동일 지역에서 사교육을 받은 학생이 그렇지 않은 학생보다 S대 진학률이 2배 더 높았다. ㉲ 순수하게 사교육을 받을지라도(㉠), 우리나라의 교육 상황에서 다른 학생의 상급학교 진학의 기회를 침해할 개연성이 있다(㉡).

㉱는 결정적이고 확실한 이유이다. 학생의 순수한 능력(의지, 동
기, 노력)에 의해 상급학교 진학이 결정되어야 한다. 그렇지 않고 부
모의 경제력이 더 영향을 준다면 그것은 공정하지 못하다.

④ 반론 잠재우기: 반론 수용과 재반론　논술에서 화룡점정(畵龍點
睛)은 반론 잠재우기(반론 수용과 재반론하기)이다.

　　반론 잠재우기 중에 반론 수용은 나의 주장(근거)에 대해 누군가 반대 의견(반론)을 내세울 것으로 예상하고, 일단 이를 받아들이는 것이다. 175쪽의 이유 ㉱에서 ㉠이 반론 수용에 해당한다. 누군가는 순수하게 앎의 욕구를 충족하려고 사교육을 받는다고 반론을 제기할 수 있다. 그런데 반론 수용에서 끝나면 논증하는 이유가 없어진다. '그럼에도 불구하고' 나의 주장이 옳다는 것을 증명해야 한다. 이것이 재반론인데, ㉱의 후반부(㉡)가 그것이다.

　　결국 반론 잠재우기는 내가 균형 잡힌 사고를 한다는 것을 보여주면서도 나의 주장이 옳다고 다시 강조하는 것이다.

✿　✿　✿

첫째, 논증은 이유(근거)를 들어 주장이 옳다고 증명하는 것이다.

둘째, 이유는 주장을 타당하게 해 주는 진술로, 내가 '생각해 낸' 것이다.

셋째, 근거는 이유를 뒷받침하는 예, 통계 등 사실이다.

넷째, 이유의 적절성은 주장과 관련된 정도를 말한다.

다섯째, 이유의 진실성은 그것이 사실이고, 참인 것을 말한다.

여섯째, 이유의 확실성은 결정적인 정도를 말한다.

일곱째, 반론 수용과 재반론은 균형 있는 사고를 하면서도 주장의 타당성을 다시 강조하는 것이다.

　　03에서는 논술의 구성 요소, 그리고 서론-본론-결론을 작성하는 원리를 알아보자. 특히 글쓴이가 고안한 단계적으로(Step By Step) 고쳐 쓰는 방식으로 논술 역량을 기르자.

03
논술하기

논설문, 어떻게 구성해야 할까

논설(술)의 구성 부분

논술은 어떻게 구성되는가? 초등학교 4학년만 되어도 서론, 본론, 결론, 이렇게 답할 수 있다. 그렇다면 각 부분은 서로 어떻게 관련되는가? 그리고 각 부분에는 어떤 요소들이 들어가야 할까?

1. 서론	1-1. 도입(배경) 문장-전제 1-2. 문제 제기: 물음 1-3. **잠정적 결론(전체 주장): 답** 1-4. 글 전개 계획: 탐구 소주제
2. 본론	2-1. (소) 주장 1 + 이유/근거 2-2. (소) 주장 2 + 이유/근거
3. 결론	3-1. 소주장의 결합 3-2. 반론(수용)과 재반론

그림 5-1   논술의 구조[12]

[그림 5-1]에서 진한 글씨와 화살표의 흐름을 잘 보자. 그리고 아래 내용을 여러 번 읽고 음미해 보자.

> 서론에서는 **잠정적 결론(전체 주장)**을 쓰고, 본론에서는 잠정적 결론을 뒷받침하는 이유(하위 주장)를 쓴다. 결론에서는 하위 주장들을 종합하고, 잠정적 결론을 정교화하여 최종 결론을 내린다.

논술의 과정을 물의 흐름에 비유할 수 있다. "논술은 산골짜기(서론의 잠정적 결론)에서 시작하여, 강(본론의 소주장)을 지나 큰 바다(최종 결론)에서 하나로 모이는 물의 흐름과 같다."

잠깐! 초등학교 국어 6-1 가에서는 주장하는 글쓰기를 소개하면서 논설문이라 하였다. 주장하는 글은 논술문과 연설문으로 구분되니까. 이 책에서는 논술이라 하겠다.

서론 쓰기
① 원리 알기

초등학교 「국어 6-1의 가」에서 서론 쓰는 요령을 두 가지 알려 주고 있다.

> ① 서론에서는 글을 쓴 문제 상황을 밝힌다.
> ② 글 전체에서 내세우는 주장을 분명하게 밝힌다.

첫째, 문제 상황(①)을 쓰자. [그림 5-1]에서는 이것을 전제라 하였다. 전제란 논술 주제와 관련하여 사람들이 공통적으로 갖고 있는 일반적인 생각, 믿음을 말한다. 왜, 서론의 맨 앞에 문제의 상황이나 배경이 되는 전제를 써야 할까? 글은 누구를 위해 쓰는지 생각하면 답이 절로 나온다. 글은 읽는 사람을 위해 쓴다. 글을 읽는 사람이 이미 알고 있고, 믿고 있는 내용을 첫 문장에 쓰면, 글을 친숙하게 받아들인다. "아하, 그렇지. 맞아."이럴 것이다.

둘째, 글 전체를 아우르는 전체 주장을 쓴다. 전체 주장을 잠정적 결론이라 하기도 한다. 서론에서 잠정적 결론(전체 주장)을 쓰는 두 가지 이유가 있다. 먼저 서론, 본론, 결론은 각각 한 편의 글이기 때문이다. 독자들이 서론만 읽고도 글쓴이의 주장을 대략적으로 알 수 있어야 한다. 또한 하나의 중심 생각이 서론, 본론, 결론을 관통해야 하기 때문이다. 이것을 일관성이라 하는데, 논술을 평가하는 첫째 기준이다. 결국 서론에서 방향을 제시해 주어야 본론과 결론에서도 일관된 흐름을 갖고 글을 써 내려갈 수 있다. 논술을 물의 흐름에 비유한 것을 다시 음미하자.

[그림 5-1]에서 서론의 요소 1-2(문제 제기)와 1-4(본론 전개 계획)는 무엇을 말하는가? 문제 제기는 논제(논술의 하위 문제)가 여러 개일 경우 그것들을 묶어서 질문 형식의 문장으로 쓴다. 이렇게 하면 문제가 무엇인지 나의 말로 정의할 수 있다. 본론의 전개 계획은 본론에 쓸 소주장의 핵심 개념들을 묶어 한 문장으로 쓴다. 그러면 서론만 읽고도 글쓴이가 본론에서 무엇을 주장하려는지 감을 잡을 수 있다. 서론에서 써야 할 내용(요소), 요령을 정리하자.

> ### 서론 쓰기 요령
>
> 첫째, 첫 문장에 글의 배경, 상황을 쓰자.
> 둘째, 논제가 2개 이상을 경우 '중심 논제'를 중심으로 문제를 제기하는 문장
> 　　을 질문 형식으로 쓰자.
> 셋째, 잠정적 결론(전체 주장)을 꼭 쓰자.
> 넷째, 본론에서 전개할 소주장의 핵심을 마지막 문장에 꼭 쓰자.

② 서론 쓰기 예

초등학교 국어 6-1의 가 중에 4단원(주장과 근거를 판단해요)에 실린 글(우리 전통 음식의 우수성)을 갖고 서론 쓰기를 익혀 보자. 원문자는 글쓴이가 추가하였고, 서술어를 약간 바꿨다.

우리 전통 음식의 우수성

> ㉮ 요즘에 우리 전통 음식보다 외국에서 유래한 햄버거나 피자와 같은 음식을 더 좋아하는 어린이를 쉽게 볼 수 있다. ㉯ 이러한 음식은 지나치게 많이 먹으면 건강이 나빠지기도 한다. ㉰ 그에 비해 우리 전통 음식은 오랜 세월에 걸쳐 전해 오면서 우리 입맛과 체질에 맞게 발전해 왔기 때문에 여러 가지 면에서 우수하다. ㉱ 우리 전통 음식을 사랑하자. ㉲ 왜 우리 전통 음식을 사랑해야 할까?

문장 ㉮와 ㉯에서 이 글을 쓰게 된 배경이나 문제 상황을 적었다. ㉰는 주장을 뒷받침하는 이유에 해당한다. ㉱는 주장을 적은 것이다. 그리고 ㉲는 문제를 제기한 문장이라 할 수 있다. 인용한 내용을 서론의 구성 요소를 중심에 두고 고쳐 써 봤다.

문제 상황	⑦ 요즘에 우리 전통 음식보다 외국에서 유래한 햄버거나 피자와 같은 음식을 더 좋아하는 어린이를 쉽게 볼 수 있다. ⑭ 이러한 음식은 지나치게 많이 먹으면 건강이 나빠지기도 한다.
	⬇
	요즘이 어린이들은 건강에 좋지 않을 수 있는 햄버거나 피자 등을 더 좋아하고, 우리 전통 음식을 멀리하는 경향이 있다.

⬇

문제 제기	⑮ 왜 우리 전통 음식을 사랑해야 할까?

⬇

잠정 결론	⑭ + ⑮ 우리 **입맛과 체질에 맞는** 전통 음식을 사랑하자.

⬇

본론 전개	본론에서 전통 음식을 먹어야 하는 이유를 건강, 다양성, 조상의 슬기와 문화 측면에서 논하겠다.

 글쓴이가 새롭게 구성한 서론을 분석적으로 이해해 보자. 첫째, 문제 상황을 나타내는 두 문장(⑦, ⑭)을 합해 한 문장으로 다시 썼다. 인용한 글의 문장이 둘이고, 내용이 길다는 느낌이 있다.

 둘째, 문장 ⑮를 두 번째로 옮겨 문제를 제기하였다. 문제 제기를 하고 나서 잠정적 결론(전체 주장)을 내리는 것(묻고 → 답하기)이 논리적으로 타당하기 때문에 이렇게 고쳤다.

 셋째, 본래 문장의 ⑮에 문장 ⑭의 중심 생각(진한 부분)을 포함하여 잠정적 결론(전체 주장)을 내렸다. 여기서 중요한 사실을 하나 알고 넘어가자. 내가 주장하는 내용에 실체를 담는 것이 필요하다. 그냥 "전통 음식을 사랑하자"라고 말하기보다는 무엇 때문에 사랑하자는 식으로 쓰면 훨씬 설득력이 있다.

넷째, 마지막에 본론의 전개 계획을 추가하였다. '건강', '다양성', '조상의 슬기와 문화'는 본론에서 펼치는 소주장의 핵심 개념이다. 이렇게 서론의 끝에서 본론에 쓸 소주장(이유)을 압축하여 보여 주면, 글을 읽는 사람이 본론에서 어떤 내용이 나올지 감을 잡을 수 있고, 기대하게 된다. 드라마가 끝날 때 다음 편을 예고해 주면, 꼭 봐야겠고 다짐하는 것처럼 말이다.

이제 서론 쓰기를 마무리하자. 사람을 만날 때 첫인상이 중요한 것처럼, 논술도 서론을 잘 써야 본론, 결론을 잘 쓸 수 있다. 서론에서 문제 상황과 잠정적 결론(전체 주장)은 반드시 쓰자. 그리고 본론의 전개 계획도 가급적 쓰는 습관을 들이자. 그래야 서론도 한 편의 글이 된다. 문제 제기는 논제에 따라 선택적으로 쓰자. 마지막으로, 서론은 3문장 또는 4문장으로 쓰자. 서론의 문장이 너무 많으면 글이 늘어진다. 그러면 글에 집중하기가 어렵다. 결국 서론은 자동차의 엔진과 같다.

본론 쓰기

초등학교 국어 6-1 가에서 본론을 이렇게 설명하고 있다.

> ① 「본론은 서론에서 글쓴이가 제시한 주장의 근거와 그 근거를 뒷받침하는 내용으로 구성해요.」
> ② 「근거를 뒷받침하는 내용에는 구체적인 예나 다양한 자료를 포함해요.」

본론을 잘 쓰는 원리는 02(논증하기)에서 이미 공부한 셈이다. 각 소주장마다 이유, 근거를 잘 연결하면 본론을 잘 쓸 수 있다. 본론 쓰기에서도 초등학교 국어 6-1 가의 내용을 참고하였다. 인용하는 내용은 앞 서론에 이어지는 소주장 중에 첫 번째이다.

> ㉮ 첫째, 우리 전통 음식은 건강에 이롭습니다. ㉯ 우리가 날마다 먹는 **밥**은 담백해 쉽게 싫증이 나지 않으며 어떤 반찬과도 어우러져 균형 잡힌 영양을 섭취하기 좋습니다. ㉰ 또 된장, 간장, 고추장과 같은 **발효 식품**에는 무기질과 비타민이 풍부하게 들어 있어 몸을 건강하게 해 줍니다. ㉱ 특히 **청국장**은 항암 효과는 물론 해독 작용까지 뛰어나다고 합니다. ㉲ **된장**도 건강에 이로운 식품으로 알려져 있습니다.

이 글에서 문장 ㉮는 우리 전통 음식을 사랑해야 하는 이유(하위 주장)를 나타내는데, 이 문단의 중심 생각이다. 나머지 문장들은 ㉮를 뒷받침하는 내용으로 구체적인 근거에 해당한다. 그런데 문장이 다섯 개라 약간 길고, 중복된 느낌도 있다. 그래서 글쓴이가 재구성하였다. 아래 내용을 잘 읽고, 함께 생각해 보자.

이유(하위 주장)	㉮ 첫째, 우리 전통 음식은 건강에 이롭습니다.	
근거	①	㉯ 우리가 날마다 먹는 **밥**은 담백해 쉽게 싫증이 나지 않으며 어떤 반찬과도 어우러져 균형 잡힌 영양분을 섭취하기 좋습니다.
	②	㉰ 또 된장, 간장, 고추장과 같은 **발효 식품**에는 무기질과 비타민이 풍부하게 들어 있어 몸을 건강하게 해 줍니다.
	③	㉱ 특히 **청국장**은 항암 효과는 물론 해독 작용까지 뛰어나다고 합니다.
재주장	㉲ 우리 전통 음식은 영양분을 균형 있게 섭취하고 건강을 지키는 데 도움이 됩니다.	

첫째, 하위 주장은 그대로 두고, 교과서에 있는 마지막 근거(ⓜ) 를 없앴다. 된장의 효능은 이미 ⓓ에 포함되었기 때문이다. 둘째, 마지막 문장(ⓜ)에서 재주장을 추가하였다.

재주장하기의 중요성을 깊이 있게 이해해 보자. 재주장이란 첫 문장에서 주장을 하고, 이유나 근거를 댄 다음에, 첫 문장의 의미를 추가하거나 정교화하여 다시 주장하는 것이다. 이렇게 하면, 읽는 사람이 글쓴이의 주장을 더 잘 받아들일 수 있다. 왜 그런지는 계열 위치 효과로 알 수 있다.

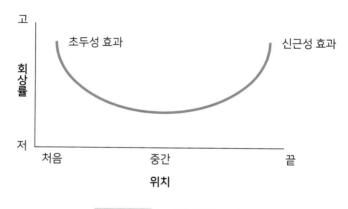

그림 5-2   계열 위치 효과

계열 위치 효과([그림 5-2])는 정보가 놓이는 위치(순서)에 따라 기억의 효과가 달라지는 것을 설명해 준다. 맨 처음과 맨 뒤에 제시되는 정보는 중간에 제시되는 정보보다 회상률이 높다. 앞 문장에 쓰는 주장은 맨 먼저 정보를 회상하는 초두성 효과(primary effect)와 관계가 있다. 뇌에 처음으로 정보를 입력하는 것이니까(그 앞에 아무 것도 없으므로) 회상할 때 방해를 덜 받는다. 맨 뒤에 쓰는 재주장은 가장 최근에 정보를 입력하는 것이니까 신근성 효과(recency effect)와 관계가 있다. 이 또한 뒤에 오는 정보가 없으므로 회상이 잘 된다. 반면에 중간에 위치하는 정보는 앞과 뒤에 있는 정보로 인해 방해를 받아 회상하기가 어렵다. 이것을 기억 이론에서는 간섭설이라 한다. 결국 주장과 재주장을 함께 쓰면 초두성 효과와 신근성 효과를 동시에 살리는 글쓰기를 할 수 있다. 양괄식 표현을 하면 좋은 이유이다.

결론 쓰기

초등학교 국어 6-1 가에서 알려 주는 결론 쓰는 요령을 보자.

> 결론에서는 글 내용을 요약하기도 해요. 그리고 글쓴이의 주장을 다시 한번 강조할 수도 있어요.

이것을 생각하면서 보다 깊이 있게 결론 쓰는 원리를 익혀 보자.

아래 교과서 글에서, 문장 ㉮는 어떤 기능을 하는가? 상황이나 배경을 적은 도입 문장이라 할 수 있다. 이렇게 결론에서도 도입 문장을 쓸 수 있지만, 본론을 요약하는 것으로 첫 문장을 쓸 수도 있다. 문장 ㉯는 본론을 요약하였다. 마지막 문장은 글의 전체 주장을 다시 강조하였다.

> ㉮ 우리나라 전통 음식은 세계 여러 나라 사람들에게 주목을 받고 있습니다. ㉯ 우리 조상의 넉넉한 마음과 삶에서 배어 나온 지혜가 담긴 우리 전통 음식은 그 맛과 멋과 영양의 삼박자를 모두 갖추고 있습니다. ㉰ 우리는 우리 전통 음식의 과학성과 우수성을 알고 우리 전통에 관심을 가지고 우리 전통 음식을 사랑해야겠습니다.

결론은 말 그대로 글을 매듭짓는 것인데, 제대로 쓰기가 쉽지 않다. 그래서 글쓴이가 결론을 잘 쓰는 방법을 생각해냈다. 결론을 쓰기 위한 개요잡기가 그것이다.

서론	본론	결론	
		반론 수용	재반론 잠정적 결론의 정교화
입맛과 체질에 맞는 전통음식 ➡	건강에 이로움 다양한 종류 조상 슬기와 문화 ➡	음식의 세계화	음식의 주체성

서론과 본론을 쓴 다음에 결론을 쓰기 위한 개요잡기를 하자. 먼저, 서론의 전체 주장, 본론의 하위 주장들에서 핵심어를 찾아 쓴다. 그런 다음에 서론과 본론의 핵심어를 바탕으로, 결론에 쓸 반론 수용과 재반론(최종 주장)의 핵심어를 정한다.

반론 수용은 논증의 조건에서 살펴본 대로, 나의 주장에 대해 누군가가 반론할 것을 가정하여 이를 수용하는 태도를 보이는 것이다. 예제에서 우리 전통 음식도 중요하지만, 지금은 국경이 허물어진 글로벌 시대 아니냐고 반론할 수도 있다. 그래서 반론 수용으로 '음식의 세계화'라는 핵심어를 생각해냈다. 이래야 균형 잡힌 사고를 한다는 인상을 줄 수 있다.

한편 재반론(최종 주장)은 반론을 수용하면서도 나의 주장이 옳다고 다시 주장하는 것이다. 구체적으로, 서론에서 내린 잠정적인 결론(전체 주장)을 본론의 하위 주장들을 바탕으로 더 깊이 있게 정교화하는 것이 최종 주장이다.

결론을 쓰기 위해 개요잡기 한 것들을 모아서 최종 결론을 쓴 내용을 자세하게 읽어 보자. 이 중에서 본론 종합은 결론의 중요한 요소인데, 본론의 핵심어를 바탕으로 하면 되니까, 따로 개요잡기를 하지 않았다.

도입 문장	우리나라 전통 음식은 세계 여러 나라 사람들에게 주목을 받고 있습니다.

⬇

본론 종합	우리 전통 음식은 건강에도 좋고, 그 종류가 다양한 한편 조상의 슬기와 문화를 알게 해 줍니다.
	⬇
반론 수용	물론 세계가 하나의 지구촌으로 살아가는 시대에 우리 것만을 고집할 수는 없습니다.
	⬇
재반론	그렇지만 우리 음식이 세계적인 음식이 되려면 우리가 먼저 즐겨 먹고 사랑해야 합니다.

논술 고쳐 쓰기, 어떻게 해야 할까

고쳐 쓰기의 중요성

글을 잘 쓰려면 많이 써 보라 말한다. 이때 많이 써 보라는 것은 무엇을 의미하는가? 서로 다른 글감으로 여러 번 쓰라는 뜻으로 받아들일 수도 있다. 그러나 글쓴이는 그 의미를 다르게 강조한다.

한 편의 글을 '여러 번' 고쳐 쓰자.

고쳐 쓰기를 할 때는 스스로 처음 쓴 글에 피드백을 하고 그것을 반영하여 다시 쓸 수 있다. 이때 친구와 짝이 되어 서로 피드백을 하거나 부모님께서 피드백을 하면 내가 보지 못한 것을 객관적으로 찾아낼 수 있다.

글쓴이는 논술의 구성 단계별로 원리에 따라 피드백하고 고쳐 쓰는 틀을 만들어 대학생들을 가르쳐 왔다. 그랬더니 학생들은 스스로 문제점을 쉽게 찾아내고, 글의 완성도를 높여 나갈 수 있었다. 생성형 인공지능에서도 "단계적으로(Step By Step) 해결하라"는 명령을 내리면, 인공지능이 논리적인 사고가 발동하여 문제를 풀이할 때 오류도 줄고 복잡한 문제를 잘 해결하는 것[13]과 유사하다.

고쳐 쓰기의 실천 예

이제 글쓴이가 진행한 공부 주도성 캠프에서 어느 중학생이 자신이 쓴 논술을 고쳐 쓴 과정을 따라가 보자. 학생이 처음 쓴 글(①)에 글쓴이가 피드백을 하였고(②), 학생이 이를 반영하여 다시 고쳐 썼다(③).

① 서론 고쳐 쓰기 처음 쓴 글은 배경을 적은 문장(㉮와 ㉯)과 문제를 제기하는 문장(㉰)으로 이루어졌다. 서론에서 가장 중요한 전체 주장이 빠졌고, 본론을 어떻게 전개할지 언급하지 않았다. 그래서 고쳐 쓴 글에서는 문장 ㉱처럼 전체 주장을 추가하였다. 이때 전체 주장의 핵심 아이디어(학업생활의 효과)가 드러나게 썼다. 또한 마지막 문장에 본론의 전개 계획을 쓰면서 하위 주장(이유)의 핵심어(학습 능력 향상, 친구 관계, 건강)를 담았다. 이렇게 서론을 고쳐 쓰면, 글쓴이가 전체적으로 주장하는 것이 무엇이고, 어떤 내용들로 본론을 쓸 것인지 미리 알려 준다.

① 처음 쓴 글	㉮ 현재 사회에서는 휴대전화는 필수품으로 자리 잡고 있다. ㉯ 하지만 네덜란드는 내년 1월부터 학교에서 모바일 기기 사용을 금지하기로 발표하였다. ㉰ 왜 학교에서 모바일 기기 사용을 금지해야 하는 걸까?
② 피드백	- 전체의 주장을 쓰지 않음 - 본론의 전개 계획을 추가하기
③ 고쳐 쓴 글	㉮ 현재 사회에서는 휴대전화는 필수품으로 자리 잡고 있다. ㉯ 하지만 네덜란드는 내년 1월부터 학교에서 모바일 기기 사용을 금지하기로 발표하였다. ㉰ 학교에서 모바일 기기 사용을 금지하는 이유는 무엇일까? ㉱ 학생들이 더 효과적으로 학업생활을 할 수 있다. ㉲ 본론에서는 학습 능력 향상, 친구들과의 관계, 건강에 미치는 영향이 대해 논하겠다.

글쓴이가 피드백하지는 않았지만, 처음 쓴 글에서 배경을 적은 문장(㉮와 ㉯)도 생각해 보자. ㉮ 문장은 아주 일반적인 내용으로, 읽는 사람이 받아들이기에 쉽다. 그렇지만 여기에는 문제 상황이 없다. ㉯ 문장은 외국의 사례를 썼는데 특별한 이유가 없다면 없애도 좋다. 그래서 ㉯ 문장을 삭제하고, ㉮ 문장을 고쳐 문제 상황(갈등)이 드러나게 배경을 아래처럼 쓰면 간결하고 명료할 것이다.

요즈음은 학생들도 휴대전화를 필수품으로 사용하고 있는데,
학교에서는 이를 금지해야 한다고 주장하기도 한다.

② 본론 고쳐 쓰기 본론에서 하위 주장(이유)을 세 가지로 나누었다. 본래는 한꺼번에 피드백하고 고쳐 써야 하지만, 따라가면서 이해하기 쉽도록 하위 주장별로 피드백하고 고쳐 썼다.
• 소주장 1 처음 쓴 글에서 주장-재주장의 구조를 따랐다. 그리

고 첫 문장에서 하위 주장도 간결하고 명확하다. 그렇지만 재주장
(㉰)이 길고, 표현이 중복되어 이해하기에 쉽지 않다.

소주장 1	① 처음 쓴 글	㉮ 첫째, 학습 능력이 향상된다. ㉯ 수업시간에 모바일 기기를 사용하면 집중력이 분산되어 집중하기 어려워진다. ㉰ 하지만 모바일 기기를 금지한다면 분산된 집중력이 사라져 수업을 더 잘 이해할 수 있게 되고 집중력 또한 향상되기 때문이다.
	② 피드백	- 하나의 소주제에 대한 소주장-이유(근거)-재주장의 형식을 구성한 점은 탁월함 - 재주장을 명확하게 하기 - 표현의 중복 고치기
	③ 고쳐 쓴 글	㉮ 첫째, 학습 능력이 향상된다. ㉯ 수업시간에 모바일 기기를 사용하면 집중하기 어려워진다. ㉰ 하지만 모바일 기기를 금지한다면 **수업에 더 잘 참여하고 이해력**이 높아져 공부가 잘된다.

고쳐 쓴 글을 보자. ㉯ 문장에서 중복된 표현을 없애고 간결하게
하였다. 재주장(㉰)에서 앞 문장과 중복된 것을 없애고, 구체적이고
명료하게 하였다. 진한 표현에서 알 수 있듯이 수업 참여와 이해력
이라는 핵심어가 드러나게 고쳤다. 이렇게 해야 재주장이다.

• 소주장 2 처음 쓴 글의 첫 문장에서 소주장을 명료하게 썼다.
그러나 이어 주는 표현(접속사) 때문에 문장 간의 관계를 파악하는
데 어려움이 있다. '또한'은 형식상으로 문장 ㉯와 ㉰가 대등관계임
을 말해 주기 때문에 하나의 소주장에 두 개의 이유를 쓴 것처럼 보
인다. 논술에서 그런 경우가 있지만, 이글에서는 내용상으로 그렇
지 않다. 여기서는 '또한'을 '그러면'으로 고치면 앞 문장과 뒷 문장
이 논리적으로 연결된다.

소주장 2	① 처음 쓴 글	㉮ 둘째, 학생들 간의 사회적 관계를 형성할 수 있다. ㉯ 온라인이 아닌 오프라인으로 소통하면 더욱 적극적으로 소통할 수 있다. ㉰ 또한 오프라인으로 소통을 함으로써 유대감과 친밀감도 형성되기 때문에 학생들 간의 사회적 관계를 형성할 수 있다.
	② 피드백	– 문장 들 간에 논리적 관계 드러내기 → 이어주는 표현 주의하기 – 논증의 구조(흐름) 명료하게 하기
	③ 고쳐 쓴 글	㉮ 둘째, 학생들 간의 사회적 관계를 형성할 수 있다. ㉯ **휴대전화를 사용하지 않으면 친구와 대면하여** 소통하는 기회가 많아진다. ㉰ <u>그러면</u> 친구들과 유대감과 친밀감이 잘 형성될 수 있다.

고쳐 쓴 글을 찬찬히 읽어 보자. 이어 주는 말을 바꾸고, 문장 ㉯와 ㉰를 간결하게 하였더니 논증의 구조가 뚜렷해졌다. 소주장 2도 주장–재주장의 형식이라고 볼 수 있다. 첫 문장에서 '사회적 관계'가 마지막 문장에서는 '유대감과 친밀감'이라는 표현으로 정교화되었다.

고쳐 쓴 글에서 논증의 흐름을 다르게 이해할 수도 있다. 각 문장의 핵심어를 찾고, 그것을 추상성이 높은 순서대로 다시 배열해 보자(173쪽 참고).

㉮ 사회적 관계 → ㉰ 유대감과 친밀감 → ㉯ 소통 기회

이렇게 배열하면 주장 → 이유 → 근거의 흐름으로 나타난다. 만약 이렇게 글을 쓰고 싶다면 문장 ㉯와 ㉰의 순서를 바꾸면 된다. 그리고 문장 ㉰에 내용을 추가하고, 이어 주는 말을 '왜냐하면'으로 고치자. 그리고 문장 ㉯도 '예를 들면'으로 시작해 보자.

ⓓ 왜냐하면 휴대전화 사용을 금지하면 친구들과 유대감과 친밀감
이 잘 형성될 수 있기 때문이다. ⓔ 예컨대, 휴대전화를 사용하지 않
으면 친구와 대면하여 소통하는 기회가 많아진다.

결국 본론을 쓸 때는 논증의 흐름을 어떻게 할 것인지 미리 정하
고 시작해야 더 명료하고, 논리적으로 서술할 수 있다.

• 소주장 3   소주장 1과 2처럼, 모바일 기기를 사용하지 않으면
나타날 긍정적 효과(신체 발달에 도움)로 소주장을 쓰는 게 좋다. 소
주장 3에서는 이유(근거)가 두 개이다. 이렇게 해도 괜찮다. 다만 본
론 전체의 소주장을 쓰는 형식으로 통일하려면, 문장 ⓓ를 새롭게
추가하여 주장-재주장의 틀로 발전시키자.

소 주 장 3	① 처음 쓴 글	㉮ 셋째, 휴대전화를 오랫동안 사용하면 건강에 피해를 입을 수 있다. ㉯ 실제로 휴대전화를 사용할 때 목을 숙여 사용하기 때문에 거북목 증후군이 발생한다고 한다. ㉰ 안구건조증도 휴대전화를 장시간 사용하면서 눈의 깜박임이 줄어들어 눈이 건조해져 발생된다.
	② 피드백	− 소주장을 긍정적 관점에서 표현하기 − 하나의 소주장에 두 개의 이유 또는 근거가 둘 − 본론의 서술 형식을 맞게 주장-재주장으로 하기
	③ 고쳐 쓴 글	㉮ 셋째, 청소년기의 신체 발달에 도움이 된다. ㉯ 실제로 휴대전화를 사용할 때 목을 숙여 사용하기 때문에 거북목 증후군이 발생한다고 한다. ㉰ 안구건조증도 휴대 전화를 장시간 사용하면서 눈의 깜박임이 줄어들어 눈이 건조해져 발생된다. ㉱ 청소년기의 신체 건강은 평생의 기초가 되므로 휴대전화 사용을 지혜롭게 해야 한다.

③ **결론 고쳐 쓰기** 모든 일이 그런 것처럼 논술도 마무리를 잘 해야 한다. 앞에서 결론도 한 편의 글이라 했는데, 처음 쓴 글에서 한 문장으로 끝을 맺고 말았다. 이러면 전체 글이 밋밋하게 끝나고 만다. 특히, 결론에서는 본론을 종합하고, 반론을 수용하면서 재주장을 하는 것이 중요하다. 그래서 고쳐 쓴 글은 세 줄로 구성하였다.

① 처음 쓴 글	㉮ 이처럼 학교에서 모바일 기기를 사용하면 부정적인 영향을 끼치기 때문에 특수한 상황을 제외하고는 학교에서의 모바일 기기 사용은 자제해야 한다.
② 피드백	– 결론 형식을 따를 것(요소 추가하기 등) – 처음 쓴 문장에 반론 수용이 일부 있음
③ 고쳐 쓴 글	㉮ 학교에서 휴대전화 등 모바일 기기 사용을 금지하면, 학습에 더 집중하고, 친구들과 상호작용하는 데 도움이 된다. 또한 거북목 증상을 예방하는 등 신체 발달에도 도움이 된다.
	㉯ 학생들이 학교에서 휴대전화를 사용하면 지식을 검색하거나 위급할 때 부모님 등과 연락을 할 수 있다.
	㉰ 그럼에도 학생들에게 학교에서 휴대전화를 사용하게 하면 학업생활에 부정적인 영향을 주고, 자기관리에도 도움이 안 된다.

고쳐 쓴 글에서 문장 ㉮는 본론을 종합한 내용이고, ㉯는 반론을 수용한 것이다. 마지막 문장 ㉰는 재주장이면서 최종 결론이다. 학생들의 글을 보면 서론과 본론은 잘 썼는데, 결론에서는 앞에 쓴 내용과는 별개로 자신이 하고 싶은 이야기를 쓰는 경우가 많은데, 그래선 안 된다. 결론은 서론과 본론을 바탕으로 하여야 한다. 논술은 물의 흐름과 같다는 비유를 항상 기억하자.

문장 고쳐 쓰기, 어떻게 해야 할까

논술에서 문장을 제대로 썼는지 검토하여 문제가 있으면 바로잡아야 한다. 글은 생각을 표현하는 것이고, 생각의 가장 기본적인 단위는 문장이기 때문이다. 문장이 모여 문단이 되고, 문단이 모여 한 편의 글이 된다는 사실에서, 문장 표현하기가 글쓰기의 기본이라는 것을 알 수 있다.

논술의 구성 요소별로 고쳐 쓸 때 문장 고치기를 동시에 하는 것이 좋다. 그래야 시간도 줄이고, 생각을 명료하고 논리적으로 다듬을 수 있다. 그렇지만 고쳐 쓰기가 익숙하지 않으면 나중에 따로 하는 것이 효율적일 수 있다. 처음에는 논술의 틀에 대해서만 고쳐 쓰고, 고쳐 쓴 글의 내용 중에 어색하거나 논리적이지 못한 문장을 찾아내 고치자.

문장 고치기는 기본적으로 문장을 만들고, 문장을 명료하게 표현하는 원칙을 기준으로 한다. 문장을 고치는 틀은 논술의 구성을 고치는 틀과 동일하게 하면 된다. 문장을 고칠 때 참고할 수 있는 핵심적인 원리 세 가지를 정리해 보자.

첫째, 비문(非文)을 쓰지 말자. 비문은 문장의 형식을 갖추었지만, 실제로는 문장이 아닌(이상한) 것을 말한다. 초등학교 국어에서는 문장의 호응(好應, 서로 어울림)이라 한다. 문장의 요소들이 서로 어울리지 않으면 비문이다. 문장이 비문이 아닌지는 세 가지 측면에서 따질 수 있다.

① 주어와 서술어의 일치 여부
  예 학생의 인성은 주로 가정에서 형성한다.

　　　　　→ 학생의 인성은 주로 가정에서 형성<u>된다</u>.

② 목적어와 서술어의 일치 여부

　　(예) 김 교사는 협동학습으로 학생들의 <u>성적과 사회성을 올렸다</u>.

　　　　→ ~학생들의 <u>성적을 올리고, 사회성을 키웠다</u>.

③ 문장 내용 간에 논리적 어울림 여부

　　(예) <u>자기주도적 학습 태도</u>를 가진 학생도 <u>스스로 공부하지 않는다</u>.

　　　　→ <u>자기주도적 학습 태도</u>를 가진 학생은 <u>스스로 공부한다</u>.

　둘째, 한 문장(문단)에서 같은 표현을 반복하지 말자. 같은 표현을 반복하는 것에는 같은 어휘를 반복하여 쓰는 동어반복(同語反復), 같은 의미를 다시 쓰는 동의반복(同意反復)이 있다. 앞에서 고쳐 쓴 글에서 같은 표현을 중복하는 경우가 많았다. 중학생이 쓴 글에서 밑줄 친 부분을 잘 보자.

> 〈처음 쓴 글〉 ㉯ 수업 시간에 모바일 기기를 사용하면 <u>집중력</u>이 분산되어 <u>집중하기</u> 어려워진다. ㉰ 하지만 모바일 기기를 금지한다면 분산된 <u>집중력</u>이 사라져 수업을 더 잘 이해할 수 있게 되고 <u>집중력</u> 또한 향상되기 때문이다.

⬇

> 〈고쳐 쓴 글〉 ㉯ 수업 시간에 모바일 기기를 사용하면 <u>집중하기</u> 어려워진다. ㉰ 하지만 모바일 기기를 금지한다면 **수업에 더 잘 참여하여 이해력**을 높일 수 있다.

　어떤가? 처음 쓴 글에서는 두 문장에 걸쳐 집중(력)이라는 낱말이 네 번 나왔지만, 고쳐 쓴 글에서는 한 번으로 줄었다.

셋째, 생각을 구분하는 연습을 하자. 어떤 글은 하나의 문장에 여러 개의 생각이 들어 있어 이해하는 데 어려움이 있다. 이런 경우에는 생각 나누기를 하면 명료하게 쓸 수 있다. 처음 쓴 글을 보자.

> 진희 어머니는, 진희가 3학년 1학기 내신 성적이 좋지 않아 과학 고등학교에 진학하려는 꿈을 포기하려 하자, 담임 선생님에게 진학 상담을 신청하였다.

이 글은 딱히 이해하기 어렵지는 않지만, 세 가지 생각이 섞여 있어 길다는 느낌이 있다. 생각을 나누어 보자.

㉮ 진희의 3학년 1학기 내신 성적이 좋지 않았다.
㉯ 진희는 과학 고등학교에 진학하려는 꿈을 포기하려 한다.
㉰ 진희 어머니는 담임 선생님에게 진학 상담을 신청하였다.

글에 나타난 생각은 배경(㉮ 내신 성적) → 원인(㉯ 과학고 진학 포기) → 결과(㉰ 진학 상담 신청)의 관계가 있다. 한 문장으로 된 글(문단)을 두 문장으로 나눈다면, 어떻게 고쳐 쓰면 좋을까?

🖳 고쳐 쓴 글 ①

> 진희는 3학년 1학기 내신 성적이 좋지 않자 과학 고등학교에 진학하려는 꿈을 포기하려 한다. / 그러자 진희 어머니는 담임 선생님께 진학 상담을 신청하였다.

이렇게 배경(문장 ㉮)과 원인(문장 ㉯)을 하나로 묶을 수도 있다. 그렇지만 다음처럼 배경은 따로 쓰고, 원인과 결과를 하나로 묶을

:

수도 있다.

🔲 고쳐 쓴 글 ②

> 진희의 3학년 1학기 내신 성적이 좋지 않았다. / 진희가 과학고등학교에 진학
> 하려는 꿈을 포기하려 하자 진희 어머니는 담임 선생님에게 진학 상담을 신청
> 하였다.

　고쳐 쓴 글 ①과 ②중에서 어느 것이 이해하는 데 더 도움이 될
까? 둘 다 독해하는 데 어려움은 없지만 원인과 결과를 하나로 묶은
고쳐 쓴 글 ②가 더 논리적이지 않은가?

❀　❀　❀

첫째, 논술은 서론-본론-결론으로 이루어진다.

둘째, 서론에서 문제의 상황(배경), 전체 주장(잠정적 결론)을 쓴다.

셋째, 본론에서는 하위 주장(이유)-이유(근거)-근거(뒷받침 내용)를
　　　쓴다.

넷째, 결론은 본론 종합-반론 수용-최종 결론(재반론)으로 구성한다.

다섯째, 최종 결론은 서론의 잠정 결론을 정교화하는 것이다.

여섯째, 서론, 본론, 결론은 모두 한 편의 글이다.

일곱째, 논술을 잘하려면 단계적으로 고쳐 쓰기를 연습하자.

온워드

성장하기 1	"나는 왜 공부를 열심히 해야 하는가?"라는 주제로 주장하는 글을 써 보자(하위 주장은 3개). 글쓴이가 제시한 고쳐 쓰기(처음 쓰기 → 피드백하기 → 다시 쓰기)에 맞게 실천해 보자.

	처음 쓴 글	피드백
	고쳐 쓴 글	
서론		
본론		
결론		

성장하기 2	고쳐야 할 문장을 찾아 성장하기 1과 같은 원리로 문장 고치기를 해 보자. 성장 1의 틀을 참고하자.

문장 1		

문장 2		
문장 3		
문장 4		
문장 5		

성장하기 3	제5장에서 익힌 비판적 사고와 논술 원리를 종합하여 주장하는 글을 잘 쓰기 위한 일곱 가지 원리를 만들어 보자. 그리고 얼마나 잘 실천하고 있는지 스스로 점검해 나가자.

원리	자기 점검		
	상	중	하
1			
2			
3			
4			
5			
6			
7			

제6장

향유하는 공부 놀이

공부, 함께 즐기자

    인간은 놀이하는 존재(Homo Ludens)다. 놀이(게임)는 학습의 과정이고, 창의와 혁신의 씨앗이다. 학교에서도 놀이를 접목한 수업, 게미피케이션을 활발하게 활용하고 있다. 공부에 놀이(게임)를 접목하면 다양한 인지적 효과(집중력과 목표의식, 논리적 사고와 문제해결력), 사회적 관계를 통한 행복감을 맛볼 수 있다. 특히, (인공지능이 가질 수 없는) 인간만의 능력인 감성능력을 키울 수 있다.

    공부하는 과정에서 즐거움을 향유하는(savoring) 공부를 해야 평생학습의 주체자가 될 수 있고, 스스로 행복한 삶(웰빙)을 만들어 가는 역량을 기를 수 있다. 글쓴이가 고안한 윷놀이 공부법(LPG)으로 행복한 공부를 하고, 가정에서도 식구들과 함께 독서한 후에 그 내용을 익혀 보자.

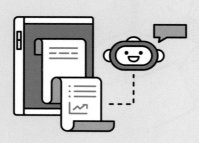

01
놀이의 재발견

인간에게 놀이는 무엇인가

놀이, 창의와 혁신

인간은 놀이하는 존재(Homo ludens)이다. 놀이를 통하여 학습하고 성장한다. 놀이란 인간의 생존과 관련 있는 활동(수면 등), 어려움이나 고통을 참아가며 수행하는 일을 제외한 신체적이고 정신적인 모든 활동이다. 놀이는 재미있고, 해방과 자유를 만끽하게 한다. 아이들은 놀이를 통해서 생존에 필요한 삶의 지혜를 배운다.

인간과 놀이는 떼려야 뗄 수 없는데, 현실에서는 갈등을 일으킨다. 부모님들은 자녀들에게 "놀지 말고, 공부해라" 채근하고, 자녀들도 공부할 때는 놀 때처럼 흥미와 자발성을 보이지 않는다. 학교도 마찬가지이다. 유치원에서는 놀이 중심의 교육을 하다가도, 초등학교, 중등학교에 가면 놀이에서 멀어지는 교육을 한다.

그렇지만 최근 놀이에 대한 새로운 관점이 등장하고 있다. 놀이는 인간의 창의성을 높여 주는 가장 창조적인 행위이고, 그것을 통해 정상적인 어른으로 성장할 수 있다.[1] 뇌 과학자 정재승 KAIST 교수는 『열두 발자국』(2018)[2]에서 어떻게 노느냐가 그 사람을 규정하고, 노는 시간이 행복하게 만든다고 말한다. 그는 책에서 실리콘 밸리에서의 진지한 놀이(serious play)를 소개하였다. 인간은 놀이하는 동안 완전한 몰입을 경험하며, 이때 창의적인 아이디어가 나오고 혁신의 실마리를 얻을 수 있다.

오픈 스페이스 테크놀로지(Open space technology) 기법[3]도 같은 맥
락에서 이해할 수 있다. 회의 시간에는 의견을 내는 데 주저하는 사
람들도 잠시 쉬는 시간에는 삼삼오오 모여 참신하고 톡톡 튀는 아
이디어를 교환한다. 그래서 좋은 아이디어는 커피 브레이크 타임
에 나온다는 사실을 알게 되었다. 직원들이 커피를 손에 든 채로 서
서 동료들과 이런저런 이야기를 나누고, 이를 녹음하여 정리한 후에
15분 동안 공유하는 회의 방식이 오픈 스페이스 테크놀로지이다.
결국 (놀이와 쉬는 것은 구분되기는 하지만) 자유로움과 자발성을 특징
으로 하는 놀이가 융통적이고 창의적으로 생각하게 한다는 것을 엿
볼 수 있다.

경제학자 최배근 교수는 4차 산업혁명 시대의 특성에 빗대어 놀
이의 중요성을 강조한다.[4] 산업사회는 노동시간이 생산성과 소득
을 결정짓는 요소였다. 그래서 놀지 않고, 일만 하는 것이 미덕이었
다. 그렇지만 컴퓨터와 인공지능이 일률적이고 사무적인 일을 대신
해 주는 디지털 경제 시대에는 많은 시간 일에 매달리는 것보다 얼
마나 창의성을 발휘하는가가 중요하다. 상상력과 창의성의 원천인
놀이가 중요한 까닭이다. 특히, 최 교수는 놀이를 시간 낭비라 생각
하지도, 놀이와 배움을 구분 짓지도 말라 권한다. 자유와 생각할 시
간을 주어야 창의적인 아이디어를 낼 수 있고, 문제를 찾아내서 해
결하는 능력을 키울 수 있다는 것이다.

놀이(게임) = 학습의 과정

온라인 게임은 폭력적이고 중독을 가져다주어 청소년의 건강한
성장과 발달에 해를 준다는 부정적 측면이 강조되어 왔다. 오죽했

으면 자정에서 6시까지는 16세 미만의 청소년들은 게임을 하지 못하게 법 조항까지 만들어야 했을까(지금은 폐지되었지만).

그렇지만 최근에 뇌 과학자들은 게임의 긍정적 기능을 강조한다. 서울대 인지과학연구소의 이경민 교수팀은 뇌신경과학의 관점에서 게임이 치매 환자의 인지 기능을 상당히 향상시켰다고 보고하였다.[5] 게임을 하는 과정에서 뇌신경 세포들 사이의 연결망, 즉 시냅스(synapse)가 만들어지고, 강화된다는 것이다.

이 교수팀은 게임할 때 분비되는 도파민(dopamine)에 대해서도 새로운 해석을 내놓았다. 도파민은 흡연이나 마약을 하면서 희열을 느낄 때 분비되는 중독성 물질이다. 맛있는 음식을 먹거나 데이트를 할 때도 도파민 분비량은 평소보다 30~50% 증가하지만 그 정도는 중독 범위에 들지 않는다. 이들은 비디오 게임을 할 때도 이와 비슷하거나 오히려 적다고 말한다. 그래서 적절하게 통제하기만 하면 게임은 새로운 경험을 하게 하고, 뇌 기능을 활성화한다고 주장한다.

게임에 관한 뇌 과학적 연구가 축적되면서, 놀이(게임)의 과정과 학습과정의 유사성이 밝혀지고 있다. 인간은 학습과정에서 감각능력, 주의력, 기억력, 시공간지각 능력, 사회성과 정서 능력, 집행 기능 등 다양한 인지 기능을 동원한다. 그런데, 인간은 게임을 하는 동안 인지 기능을 작동하는데, 이때 뇌의 특정 부위를 자극한다. 특히, 학습 활동은 곧 인지 활동을 의미하는데, 게임에 몰두할 때 플레이어는 다양한 인지 기능이 작동한다. 그중에서도 집행 기능은 논리적 전략적 사고와 관련성이 높은 인지 기능으로 전두엽에서 관장한다.

놀이와 공부, 하나 될 수 없을까

게이미피케이션

최근에 어렵거나 하기 싫은 대상, 활동에 게임의 요소를 접목하여 친숙하게 받아들이도록 하는 게이미피케이션(gamification)이 주목을 끌고 있다. 학교에서도 학업 스트레스를 받거나 수업에 집중하지 못하는 학생들이 많아지자 수업에 게이미피케이션을 적용하고 있다.

게이미피케이션은, 공부란 다른 학습자들과 상호작용하는 가운데 한 차원 거듭난 지식 구조를 함께 구축되는 데까지 확장되어야 한다는 관점을 배경으로 한다. 이때 중요한 것이 학습친밀 공간이다.[6] 학생들이 서로 친숙한 가운데 상호작용하면서 공부의 목표도 세우고, 실행 방법을 찾아 협력적으로 지식을 쌓는 것이 중요하다. 이때 놀이와 공부를 분리하지 않고, 하나로 융합하는 것을 전제로 한다.

초등학교 교과서에 전통 놀이를 활용하여 재미있게 지식을 쌓아가도록 안내하는 단원이 자주 등장한다. 초등학교 국어 4-1의 가에서 주사위를 던져 게임처럼 학습하도록 안내한 말판 놀이의 진행규칙(207쪽)을 글쓴이가 고안한 윷놀이 공부법(02)과 비교해 보자.

① 주사위와 말을 준비한다.
② 짝과 가위바위보를 하여 차례를 정한다.
③ 이긴 사람은 주사위를 던져 나온 수만큼 앞으로 움직인다.
④ 움직인 칸에 나온 문장이 사실인지 의견인지 말한다.
⑤ 틀린 경우 원래 자리로 되돌아간다.

⑥ 도착점에 먼저 도착한 사람이 이긴다.

공부 향유하기

공부를 향유할 수 있을까? 이 물음에 답하기 전에, 향유의 뜻을 보자. 우리말 사전에, 향유(享有)는 '누리어 가지다'는 뜻이다. 영어 Savor(향유하다)는 '맛이 있다, 풍미가 있다'는 뜻을 갖고 있다. 영어 사전 옥스퍼드에 'Savor(savour)'는 두 가지 정의가 있다. 첫째는 음식 맛의 즐거움을 감상하는 것이고, 둘째는 어떤 경험이든 그 경험

에서 오는 즐거움을 감상하는 것이다. 결국 향유하기(savoring)는 긍
정적인 경험들을 만들어 내고, 깊이 음미하며 강화하는 과정을 말
한다.

최근 향유하기가 관심을 끌게 된 것은 긍정심리학의 발달과 관계
가 있다. 즉, 어려움에 대처하는 능력을 기르는 것이 곧 인생을 즐
기는 능력으로 연결되는 것은 아니라는 인식이 싹트기 시작하였다.
인간은 자신의 삶에서 일어나는 긍정적 경험들을 처리하고 음미하
며 강화하는 향유능력을 갖고 있다는 관점이 대두되었다.[7]

공부에 대해 생각해 보자. 공부(工夫)라는 말은 본래 불교 종파의
하나인 선종에서 시간과 노력을 들여 열심히 닦는(수도하는) 것을
의미했다. 송나라 시대 주자가 쓴 근사록(近思錄)에 공부라는 단어
가 처음 등장하였는데, 유학자들 사이에서 '공부'가 널리 퍼지게 되
었다.[8]

이런 배경 때문에, 공부는 본래 힘든 것이고, 힘들지만 참고 이겨
내야 하는 것으로 인식되어 왔다. 특히, 가정에서나 학교에서 좋은
대학을 가고, 더 나은 미래를 준비하려면 '지금'의 재미나 즐거움을
주는 놀이는 접어 두고, 어려움을 감내하면서 끈기 있게 공부하라는
가르침을 받아 왔다. 놀이와 공부는 타협할 수 없는 대립적인 개념
이 되었고, 인간은 놀이하는 존재라는 명제는 설 자리를 잃었다. 특
히, 경쟁 중심의 사회에서 공부는 성공 경험보다는 실패 경험의 근
원이 되었다. 그래서 많은 학생들에게 공부는 불쾌한 감정을 가져
다주고, 나를 괴롭히는 괴물이 되었다. 이것이 공부 상처이다.[9]

향유하는 공부를 하자

공부 하면 스트레스가 떠오르고, 우리나라 청소년들이 삶에 만족하지 못하는 첫째 요인이 공부이다. 그럼에도 즐겁게 공부하고, 즐거움을 만끽하는(향유하는) 공부를 해야 하는 이유는 무엇일까?

첫째, 인공지능 시대의 인간다운 능력을 길러야 하기 때문이다. 인공지능은, 인간이 살아가면서 기쁘고 행복하고 슬프고 좌절하면서 느끼는 감정을 담아낼 수 없다. 공부를 향유하는 것은 공부하는 과정에서 즐거움을 누린다는 뜻이고, 인공지능이 가지지 못한 감성적 능력을 향상시키는 과정이다. 인간의 인지적 작용(지적 학습)은 사회정서적 경험이나 감정과 얽혀 있다. 이런 점에서도 공부의 과정에서 향유하는 감정을 적극적으로 경험해야 한다.

둘째, 초·중등학교 때부터 향유하는 공부를 해야 평생학습의 주체자가 될 수 있다. 논어 옹야 편(雍也編)에 "知之者不如好之者, 好之者不如樂之者"가 나온다. "지지자불여호지자, 호지자불여낙지자"는 아는 것보다는 좋아하는 것, 좋아하는 것보다는 즐기는 것이 낫다는 뜻이다. 아는 사람은 그것을 좋아하는 사람만 못하고, 좋아하는 사람은 그것을 즐기는 사람만 못하다. 학생이나 직장인들이 공부든 일이든, 그것이 즐거워야 성과를 낼 수 있고, 오래 할 수 있다.

이 책에서 여러 번 강조했지만, 이제 대학 가는 것이 공부의 종착역이 될 수 없다. 단기적으로 경쟁에서 이겨 좋은 대학에 가는 것으로 공부의 목적을 삼는다면 불확실한 미래에서 살아남거나 성공하기 어렵다. 공부의 본질, 궁극적 목적은 어떤 상황에서도 내가 삶의 주체가 되어 문제를 해결하고, 새롭게 나가는 역량을 기르는 것이다. 그러려면 공부하는 과정에서 즐거움을 만끽해야 한다. 롤프 엔 센(『드림 소사이어티』의 저자)도 현대 사회에서 필요로 하는 인재는 놀이와 일을 구분하지 않고 즐기는 사람이라고 하였다. 결국 공부 가 놀이고, 놀이가 곧 공부여야 한다. 공부의 과정을 즐겨야(향유해 야) 공부 주도성을 키울 수 있고, 웰빙에 도달할 수 있다.

✿   ✿   ✿

첫째, 호모 루덴스! 인간은 놀이하는 존재이다.

둘째, 놀이(게임)는 학습의 과정이고, 창의와 혁신의 씨앗이다.

셋째, 교과서에서도 놀이를 통한 학습 활동을 안내하고 있다.

넷째, 최근 학교수업에서 게이미피케이션을 활발하게 활용한다.

다섯째, 다른 사람과의 친밀한 공간(놀이)이 학습을 증진한다.

여섯째, 향유하는 공부(savoring)가 공부 주도성의 토대이다.

일곱째, 공부를 향유하면 행복한 삶(웰빙)을 살 수 있다.

02. 윷놀이 공부법에서는 글쓴이가 고안한 윷놀이 학습법(LPG) 으로 친구들과 함께 공부를 향유하는 절차, 원리를 알아보자. 가정 에서도 함께 독서하고, 그 내용을 이 방법으로 익혀 보자.

02
윷놀이 공부법

놀이를 공부에 활용할 수 없을까

가장 재미있는 전통놀이

우리나라 사람들이 가장 좋아하는 전통놀이는 무엇일까? 온라인 설문 조사 「패널나우(Panel Now)」에서, 2021년 3월에 14세 이상 47,574명에게 물었다. 세 사람 중 한 사람(33.3%)이 윷놀이를 가장 재미있는 민속놀이로 꼽았다. 공기놀이, 팽이치기가 그다음이었다. 이 조사는 연령대를 구분하지 않은 한계가 있다.

다른 조사를 보자. 어느 지역의 청소년 관련 센터에서 친구들과 주로 어떤 놀이를 하는지 물었더니 윷놀이는 순위에 없었다.[10] 특히 전체 응답자의 78%에 해당하는 초등학생들로 좁혀 보았더니, 이야기하기(52.4%)-게임하기(47.6%)-신체놀이(28.6%)-보드게임(16.7%)이 주된 놀이였다.

사실 초등학생과 중·고등학생들이 윷놀이하는 모습을 찾기 어렵다. 윷놀이는 혼자서는 할 수 없고, 같은 시간, 같은 공간에 모여야 할 수 있으니까 그런 것이 아닐까? 가족 수가 적어지니 편을 짜기 어렵고, 혼자 편을 먹으면 재미가 없다. 이것저것 준비할 것도 많다. 디지털 기기에 힘입어 윷놀이 앱으로 살아남은 것도 다행이다.

윷놀이와 두 번의 만남

초등학생, 중학생들의 놀이 문화에서 순위에 들지 못한 윷놀이를 공부와 접목하려는 글쓴이의 속뜻이 무엇인지 궁금할 것이다. 그 속내는 조금 뒤에 말하고, 글쓴이가 윷놀이에 매료된 과정을 먼저 말하겠다.

우리나라에서 월드컵이 열리고(일본과 공동 주최), 코리아축구팀이 꿈에나 그리던 4강의 기적을 이뤄 온 국민이 열광하던 2002년 여름, KAIST 이광형 교수(현재 총장)께서 쓴 칼럼(국민일보(2001. 1. 22.)을 만났다. 월드컵 준비로 온 나라가 분주하던 그때, 글쓴이는 공부방법[11] 책을 출간하는 중이었다.

이 교수는 윷놀이에서 가장 재미있는 규칙인 상대 말 잡아먹기를 없애자고 제안하였다. 앞서가는 사람 뒷다리를 잡는 나쁜 마음을 갖게 하는 것이라는 이유였다. 그 대신 새로운 규칙을 제시하였다. 상대편 말을 잡아먹을 경우가 되면, 내(우리) 말이 나간(갈) 만큼 상대편 말을 앞으로 밀어 주고 한 번 더 윷을 던지자는 방식이었다. 더불

"상대편 도와야 이기게 만들었죠"

'윈-윈 윷놀이' 개발
KAIST 이광형교수

명절때 가족들이 모여 노는 윷놀이는 부정적인 요소가 많다. 상대방의 말을 잡아야 이익이 되는 '네거티브 전략'을 구사하기 때문. 이같은 놀이문화가 일상 생활과 정치에도 그대로 적용될 인간관계를 파괴한다고 생각한 한국과학기술원(KAIST) 전산학과의 이광형(李光炯·46)교수가 서로 도와주면서 노는 윈-윈(win-win) 윷놀이를 고안했다.

윈-윈 윷놀이에는 상대방 말을 잡는 법이 없다. 예를 들어 '개'가 나와 앞의 말을 건드리는 상황이 될 때 기존 방식에서는 상대방 말을 잡아 죽이고 나서 한번 더 기회를 얻는다. 그러나 윈윈 윷놀이에서는 반대로 나의 말은 개의 위치에 가지만 상대방 말도 내가 간 만큼 앞으로 밀어주도록 했다. 이같

은 밀어주기를 3번 하면 말 하나가 완주한 것으로 간주한다.

이교수는 "지난해 방한한 일본 학자들과 놀이문화에 대해 이야기를 나누다가 윷놀이·장기·고도리 등 우리의 놀이문화에 상대방을 죽여야 내게 유리한 네거티브 요소가 많다는 사실을 알게 됐다"고 말했다.

일본 장기는 상대방 말을 잡으면 죽이는 대신, 우리편 말로 편입해서 쓴다. 서양 포커도 마찬가지. 내 패가 잘 들어오기만을 바랄뿐 다른 사람의 패를 방해할 방법이 없다. 남의 일에 참견하는 대신 자기 일에 충실하면 된다.

이교수는 "놀이를 즐길 때 포지티브 전략을 구사하면 국민성도 변하지 알겠느냐"고 반문했다.

◇윈-윈 윷놀이를 고안한 이광형교수가 윷판을 그려놓고 원리를 설명하고 있다.

(국민일보, 2001. 1. 22)

어 살아가는 양자 승리(Win-Win)의 인생 법칙! 참으로 기발하고, 교육적으로도 유익하여 가슴에 꽂혔다. 그리고 세월이 한참 흘렀다.

평창 동계 올림픽이 열린 2018년 1월, 글쓴이는 미래교실네트워크에서 진행하는 미찾샘(미래를 찾는 교사들) 캠프에 참여하였다. KBS 프로듀서를 했던 정찬주가 만든 이 캠프는 초·중등학교 교사들이 거꾸로 수업(Flipped classroom)을 공유하는 자리였다. 글쓴이는 고등교육연수원에서 대학 교수들을 대상으로 거꾸로 수업 연수를 진행하여야 했기에, 모둠활동 아이디어를 얻으려고 캠프에 갔다.

프로그램 중에 수업 나눔의 시간이 있었다. 선도 교사들이 각자 실천하고 있는 수업 방법을 소개하는 부스를 운영하였고, 참여자들은 각 부스를 돌아가면서 설명을 듣고, 질문도 하였다. 이때 글쓴이의 머리를 번뜩이게 하는 부스가 있었다. 어느 중학교 교사가 영국식 윷놀이인 루도(Ludo)를 활용한 수업 전략을 소개하였다. 이해력이 부족한 탓인지 그 절차를 쉽게 알아듣지는 못했지만, 그 여운은 강렬하였다. 집에 오는 내내 의문이 떠나질 않았다. "우리나라 윷놀이가 있는데, 왜 다른 나라 윷놀이로 하는 걸까?"

2002년부터 뇌리에서 떠나지 않았던 이광형 교수의 신선한 제안은 미찾샘 캠프에서의 의문을 거쳐 글쓴이의 윷놀이 게임 학습(Learning by Putting Game: LPG)으로 태어났다. 글쓴이는 LPG를 대학 수업에서 자주 실천하고 있다. 그 과정에서 학생들이 수업에 흥미를 갖고 주도적으로 참여하였다. 그리고 학생들이 작성한 학습 성찰을 보고 학습 효과도 아주 긍정적이라는 것을 알게 되었다(221쪽 참고).

윷놀이 공부, 어떻게 실천할까

윷놀이 단계와 활동

글쓴이가 대학 수업에서 실천하고 있는 윷놀이 게임 학습(LPG)을 「윷놀이 공부법」으로 발전시켰다. 윷놀이 공부도 수업처럼 3단계로 실천해야 효과가 크다.

> - 1단계(윷놀이 전 공부하기): 공부 주제와 목표 정하기 → 자율학 습과 소주제 분담하기 → 문제와 정답 만들기 → 도구 준비 하기
> - 2단계(윷놀이 중 공부하기): 윷놀이 규칙 정하기 → 공부 게임하 기 → 점수 계산과 보상하기
> - 3단계(윷놀이 후 공부하기): 문제와 정답 보충하기 → 문제와 정 답 교환하기 → 공부 성찰하기

• 1단계: 윷놀이 전 공부하기

공부 주제와 목표 정하기   윷놀이 공부를 하기 전에, 친구와 함께 공부할 주제와 목표를 정한다. 이때 한 단원 전체를 대상으로 해도 되지만, 보다 중요하다고 생각하는 소주제(항목)를 뽑으면 공부의 초점을 잡기에 좋다. 이때 제2장에서 공부한 SQ(F)3R 중에 질문 만 들기(Q와 F)를 활용하면 공부할 초점을 잡는 데 도움이 된다.

자율학습과 소주제 분담하기   공부의 초점을 잡은 후에는 모두가 배경지식을 갖도록 자율학습을 충분하게 해야 한다. 그 후에 소주 제를 나누어 맡는다. 이때 공부할 주제에 대해 더 많이 공부하였거

나 이미 알고 있는 친구가 어려운 부분을 맡는다. 이렇게 해야 공부의 시너지 효과를 낼 수 있다. 만약 4명이 함께 공부한다면 2명씩 한편이 되어 준비하면 좋다.

문제와 정답 만들기　소주제를 분담하고 나서 윷놀이 문제와 정답을 만든다. 이때는 상대방이 알지 못하도록 보안을 철저하게 유지해야 한다. 특히, 문제와 정답을 만드는 과정에서 공부를 제대로 해야 실제 윷놀이도 재미있고, 학습 효과도 볼 수 있다. 문제와 정답 만드는 요령을 보자.

> ① 윷놀이 시간과 문제 수를 적절하게 정한다. 20~30분에 10문제 정도 풀도록 계획하면 적당하다.
> ② 문제를 선택형보다는 서술형(완성형, 단답형)으로 출제한다. 그래야 공부 효과가 크다.
> ③ 문제의 수준(배점)을 고르게 정한다. 다섯 문제씩 출제한다면, 쉬운 것(1점) 2문제, 어려운 것(2점) 3문제로 출제한다.
> ④ 교과서에 있는 문장을 그대로 옮기지 말고, 나의 생각으로 문제를 출제하자.
> ⑤ 답을 충분하게 적는다. 가능한 답을 모두 적어야 제대로 공부할 수 있다.
> ⑥ 학습지 등을 참고하지 말고, 창의적으로 출제한다.

　문제와 답을 만드는 원칙에 따라 윷놀이 공부에 필요한 문제를 만들어 봤다. 내가(한 모둠에서) 이렇게 다섯 문제를 만들고, 친구(다른 모둠)가 다른 소주제로 다섯 문제를 만들면 한 단원을 충분하게 공부할 수 있다.

문제와 정답 예시	
과목	초등학교 과학 6-1
단원	4단원. 식물의 구조와 기능
소주제	1. 잎이 하는 일은 무엇일까요? 2. 잎에 도달한 물은 어떻게 될까요? 3. 꽃의 생김새와 하는 일을 알아볼까요?

1번. 식물의 광합성이 주로 이루어지는 것은 (　　　)(이)다. [1점]

　　　답. 잎

2번. 잎에 도달한 물은 기공을 통해 빠져 나간다. 이것이 (　　　)이다. [1점]

　　　답. 증산 작용

3번. 식물이 스스로 양분을 만드는 광합성 작용에 이용하는 것을 두 가지 쓰시

　　　오. [2점]

　　　답. ① 빛,　② 이산화탄소,　③ 뿌리에서 흡수한 물

4번. 증산 작용이 하는 기능을 한 가지 설명하시오. [2점]

　　　답. ① 뿌리에서 흡수한 물을 식물의 꼭대기까지 올려 준다.

　　　　　② 식물의 온도를 조절해 준다.

5번. 꽃이 어떻게 씨를 만드는지 설명하시오. [2점]

　　　답. ① 수술에서 만든 꽃가루를 암술로 옮겨야 한다.

　　　　　（꽃가루받이 또는 수분을 해야 한다.）

　　　　　② 곤충, 새, 바람, 물의 힘으로 수분을 한다.

　　문제와 답을 꼼꼼하게 읽어 보면서 그 요령이 어떻게 반영되었는지 생각해 보자. 먼저, 출제한 문제 중에 1번, 2번은 비교적 간단한 문장 완성형(괄호 넣기)이므로 1점으로 하고, 3~5번은 깊이 생각하도록 요구하는 단답형이므로 2점을 주었다. 4번은 한 가지 설명하라 했지만, 답은 두 가지 다 적었다. 한 가지만 말해도 정답으로 하고, 나머지 한 가지를 출제한 사람이 덧붙이면 모두가 공부를 하는

셈이다. 5번의 경우 정답의 가지 수를 말하지 않았지만 하나만 맞히면 1점, 두 개 다 맞히면 2점을 준다고 미리 말한다. 예에서는 문제와 답을 함께 만들었는데, 이것들을 따로 만들면 더 좋다. 문제만 보고 답을 생각해 낼 수 있어 더 확실하게 공부할 수 있다.

　도구 준비하기　윷놀이 공부를 하려면 윷놀이 도구, 정답 기록지 등도 준비해야 한다. 윷놀이 도구는 적은 비용으로 구입할 수 있다. 윷놀이 앱을 사용해도 되지만, 규칙을 융통성 있게 정하는 데 한계가 있다. 초등학교 교과서에서처럼 윷 대신에 주사위로 해도 된다.
　한편 윷놀이 공부를 준비하는 과정에서 하루 한 번에 모든 것을 다 하는 것보다는 시간을 두고, 나누어서 실천해야 공부에 도움이 된다. 친구와 공부할 주제를 정하고서, 자율학습하기, 문제 출제하기를 2~3일에 걸쳐 단계적으로 하도록 일정을 정하자.

　• **2단계: 윷놀이 중 공부하기**
　윷놀이 규칙 정하기(게임하기)　윷놀이 규칙은 이미 정해져 있지만, 새로운 아이디어를 추가하면, 깊게 공부하는 데 더 도움이 된다. 윷놀이 규칙을 직접 만들면, 이미 알고 있는 놀이라 해도 새롭고, 친숙해질 수가 있다. 특히, 공부의 과정에서 누가 정해 준 대로 공부하는 게 아니라 내가 주도적으로 틀을 만들고, 실천하기 때문에 집중하기에도 좋다.
　글쓴이가 대학 수업에서 실천하고 있는 윷놀이 수업의 규칙을 소개하겠다. 이것을 적용해 보고, 친구들과 더 발전시키기 바란다.

　① 뒷도는 없애고, 잡아먹기는 약간 변형하였다. 뒷도는 아무 노

력 없이 보상을 받기 때문에 교육적이지 못하다. 상대 말을 잡아먹을 수 있는 경우에는 두 가지 중 하나를 선택한다. ⓒ의 경우 서로에게 도움이 되는 양자승리(Win-Win)의 정신을 살리는 셈이다. 그런데 상대 말을 밀어주면 다른 말을 잡게 될 경우에는 ⓐ을 택하는 원칙을 정한다.

> ⓐ 앞 말을 잡는다. → 문제를 한 번만 푼다.
> ⓒ 내(우리 편) 말이 나가는 만큼 상대 말을 밀어준다.
>   → 문제를 풀고, 정답을 맞히면 한 문제 더 푼다.

② 문제 푸는 규칙을 정한다.

윷놀이 공부에서는 서로 상대편이 만든 문제를 푼다.

> ⓐ 문제는 윷을 놓은 사람이 푼다.
> ⓒ 윷이나 모가 날 경우 문제를 하나 골라 푼다. 문제를 맞히면 한 번 더 던진다.
> ⓒ 앞 말을 잡을 수 있는 경우 앞 ① 중에 선택한다.
> ⓔ 문제 푸는 기회를 자주 갖기 위해 찬스 밭을 3개 정도 정하자. 말이 찬스 밭에 놓일 경우에, 같은 편에서 상의하여 문제를 푼다.
> ⓜ 말을 뺄 때도(업어서 빼면 그 수만큼) 문제를 푼다.
> ⓑ (아주 중요한 것)정답을 맞히면 모든 참여자들이 그 내용을 다함께 큰 소리로 암송한다.
> ⓢ 상대편에서 정답을 말하도록 힌트를 주자. 그래야 함께 암송하고 공부할 기회가 많아진다.

③ 여럿이 윷놀이 공부할 때는 역할을 나누어 맡는다.

> ① 둘이서 할 때는 모든 역할을 혼자서 한다.
> ② 두 사람이 한 편이 되어 할 때는 한 사람은 정답 확인과 점수 기
> 　록하기, 또 한 사람은 말 놓기를 한다.

④ 게임 시간을 정한다.

문제의 수에 따라 적당한 시간을 정하되, 대략 20분 정도 윷놀이를 한다. 문제를 다 풀지 못하면 10분 정도 추가한다.

정답 기록하기　윷놀이 공부를 하면서 정답을 기록하는데, 이때 어떤 사고를 적용하는가가 중요하다. 재미와 경쟁심도 챙기면서 공부 효과도 올려야 하기 때문이다.

216쪽 문제로 윷놀이를 하는 중에 작성한 정답 기록지를 보자.

정답 기록지					
번호	배점	친구(상대편)		나(우리 편)	
		1차	2차	1차	2차
1	1	×	1	×	1
2	1	1	−	1	−
3	2	×	2	2	−
4	2	2	−	×	2
5	2	2	−	×	2
종합	① 획득 점수	5	3	3	5
	② 총점	8		8	
	최종 판정	승리		패	

정답 기록지에서 친구(상대편)를 중심으로 이해해 보자. 내(우리 편)가 낸 문제를 친구(상대편)가 푼 경우이다. 1번 문제는 1점짜리인데 첫 번째 시도에서는 틀렸고, 두 번째 시도에서 맞혔다. 4번은 2점인데 첫 번째 시도에서 정답을 맞혔다. 2차는 문제를 상대편에서 힌트를 주어 정답을 맞힌 경우까지 포함하였다. 오른쪽에 기록한 나(우리 편)는 친구가 출제한 것을 내가 맞힌 경우이다.

각자 1차와 2차에서 맞힌 점수를 합해서 승자와 패자를 가린 것이다. 예처럼, 친구와 내가 문제를 다 맞혀 동점이라면 1차 시도에서 얻은 점수가 많은 사람(모둠)이 승리자가 되는 원칙을 정해도 좋다.

• 3단계: 윷놀이 후 공부하기

윷놀이를 하고 나면 각자(모둠) 만든 문제와 정답을 교환한다. 그리고 전체 문제를 함께 다시 공부하면서 보충한다. 파일로 보관하면 더 좋다. 또 이렇게 공부하면 좋은 점이 무엇인지 각자 느낌을 공유한다. 윷놀이를 하고 나서 승자에게 무엇을, 어떻게 보상해 줄 것인지 함께 찾아보자.

02(윷놀이 공부법)는 절차를 분석적으로 제시하였으므로, 요약하기를 생략한다. 이제 03(윷놀이 공부 효과)으로 가서 윷놀이를 포함하여, 이미 알고 있는 놀이를 게임형식으로 바꾸어 공부하면 어떤 점이 좋은지 알아보자.

03
공부 놀이의 효과

경험기억을 알고 있나요

글쓴이가 대학생들과 윷놀이 수업을 하고 나서 학습과정과 학습결과를 성찰하게 하였다. 그중에 수빈이가 쓴 내용이 눈에 들어왔다.[12]

> ### 윷놀이 학습성찰
>
> 윷놀이 수업은 내게 있어서 학습이라는 진정한 의미에 대해 생각해 볼 수 있게 해 준 공부방식이다. 단순히 외워서 문제를 풀면 흥미가 없기 때문에 단순 암기밖에 되지 않아 금방 까먹지만, 윷놀이 수업을 한 내용은 놀이와 학습을 접목시켰기 때문에 내가 <u>풀었던 문제들과 답이(틀린 문제까지도) 아직도 생생하게 기억에 남는다.</u>
>
> 진정한 학습은 공부와 놀이가 상호 관계를 이룰 수 있는 것이라고 생각한다. 그렇기 때문에 나에게 윷놀이 학습은 가장 기억에 남는 공부였다.

학습성찰 중에 밑줄 친 부분이 경험기억을 말해 준다. 경험기억[13]이란 자신의 과거 경험(사건)이 연결되어 떠오르는 기억을 말한다. 어떤 사건이나 경험과 연결되어 얻은 지식은 잘 외워지고, 오래 간다.

지난 한 달 동안 가장 기억에 남는 한 가지를 떠올려 보자. 무엇이 떠오르는가? 친구들과 신나게 게임한 것, 가족들과 여행 간 것, 캠핑 가서 맛있게 고기 구워 먹은 것은 쉽게 떠오른다. 그런데 혼자서 영어 단어를 외우고, 수학 문제도 푼 것은 언뜻 기억나지 않는다.

이렇게 순수하게 지식이나 정보 그 자체만을 떠올리는 것을 지식기억이라 한다. 지식기억은 계기가 충분하지 않으면 잘 떠오르지 않지만, 경험기억(지식)은 항상 그와 연관된 활동이나 사건, 계기가 뚜렷하기 때문에 쉽게 떠올려진다. 혼자서 열심히 공부하고 문제도 풀어 봤는데, 정작 시험지를 받아보면 머릿속이 하얗게 되는 이유는 지식기억으로만 공부했기 때문이다.

이제 공부를 어떻게 해야 하는지 감이 잡혔을 것이다. 수빈이는 비록 경험기억이라는 표현을 쓰지는 않았지만 그것을 제대로 짚었다. 공부할 때, 지식기억보다는 경험기억으로 저장하면 훨씬 학습 효과가 크다. 윷놀이를 하면서 공부한 내용은 내가 맞혔든, 틀렸든 간에 나의 경험이 연결되었기 때문에 더 잘 기억할 수가 있다. 윷놀이 학습은 경험기억의 보고(寶庫)이고, 실력을 쌓는 비결이다.

왜, 함께 공부해야 할까

말하는 공부와 메타인지

한국교육방송(EBS)에서 2014년 1월에 〈다큐 프라임-왜 우리는 대학에 가야 하는가?〉를 여섯 번에 걸쳐 방영하였다. 그중 5부(말문을 터라)에서 대학생들을 두 그룹으로 나누어 흥미 있는 실험을 하였다. 한 그룹(조용한 공부방)은 서양사에 관한 내용을 조용하게 혼자서 공부하였고, 또 한 그룹(말하는 공부방)은 서로 묻기도 하고, 가르치면서 떠들썩하게 공부하였다. 그리고 나서 시험을 치렀다.

왜 말하는 공부방 학생들이 시험을 더 잘 봤을까? 프로그램에서는 유대인 학생들이 학교에서, 교회에서, 도서관에서 서로 공부의 파트너가 되어 와자지껄 토론하고, 설명하면서 공부하는 모습을 보

여 주었다. 말하는 공부를 하면 메타인지 능력을 키울 수 있다. 메
타인지 능력이 뛰어난 친구들이 공부를 잘한다.

　공부한 내용을 말로 표현하거나
다른 사람에게 설명하는 과정에서
아는 것은 무엇이고, 모르는 것은
무엇인지 알게 된다. 이것이 메타
인지다.

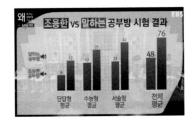

학습 효율성 피라미드: 가르치면서 배우기

　미국의 행동과학연구소(NTL)에서 실험을 통해 학습 효율성 피라미
드(Learning Pyramid)를 제시하였다. 설명을 듣는다거나 읽기만으로
공부했을 때에는 24시간이 지난 후에 기억에 남는 게 별로 없었다.
그렇지만 서로 설명하면서 공부하면 24시간이 지나도 공부한 내용
의 90%를 기억하였다. 학습 효율성 피라미드는 혼자, 수동적으로
공부하는 것보다 함께, 능동적으로 공부하라 일러준다.

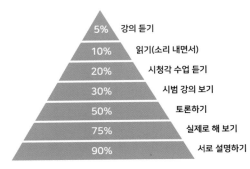

그림 6-1　학습 효율성 피라미드

출처: NTL(National Traning Laboratories).

　　가르치면서 배우는 공부의 효과를 엿볼 수 있는 장면을 소개하겠
다. 어느 아빠가 간단한 그림 동화는 읽을 정도로 한글을 깨우친 일
곱 살 자녀(아이)에게 가족들과 동물원에 갔다온 경험을 말하라고
부탁했다. 그랬더니 대충 이런 식이었다.

> "동물원에 코끼리가 있어. 코끼리는 코가 길고, 코가 손이야. 아빠
> 도 알잖아요."

　　이러고는 끝내 버렸다. 말도 빨랐고, 성의도 없었다. 그런데 아직
한글을 알지 못하는 네 살 동생에게 코끼리 이야기를 해 주라 했더
니 전혀 다른 사람이 되었다. 천천히 말하고, 동생이 이해하고 있는
지 확인하는 질문도 하였다. 예를 들어주면서 쉽게 설명하려고 노
력하였다.

> "있잖아, 동물원에 코끼리가 있어. 코끼리는 되게 커. 바나나를 주
> 면 코로 받아먹어, 그래서 코가 손이야. 너도 코끼리 알지? (동생이
> 모르겠다는 듯 고개를 젓자) 엄마 아빠랑 어린이날 동물원 가서 큰
> 동물 봤잖아. 바나나도 주고, 사진도 찍었는데."

　　첫째 아이가 동생에게 다른 태도를 보인 이유는 무엇일까? "동생
에게는 내가 선생님이야. 그렇지만 엄마, 아빠는 늘 나에게 무언가
를 가르쳐 주는 선생님이고, 나는 학생이야" 이렇게 생각한 것이다.
누군가를 가르친다고 생각하면 더 깊이 있게 이해하려 노력하고, 예
를 들어 설명하려고 애를 쓴다. 상대방이 제대로 이해하고 있는지
질문도 한다. 그렇게 함으로써 내가 더 깊이 있게 공부하는 셈이다.

> 서로 가르치면서 학습한다(Learning by Teaching).

이렇게 친구와 서로 선생님이 되어 공부하는 습관을 들여 보자. 글쓴이가 소개한 윷놀이 공부법이 바로 그것이다.

행복의 비결

우리나라 청소년들은 행복할까? 초록 우산 어린이 재단에서 2023년에 초등학교 5학년에서 고등학교 2학년 학생 2,231명을 대상으로 하루 동안의 주요 생활사건(수면, 공부, 미디어, 운동)을 분석하였다.[14] 그 결과 행복지수가 낮은 아동(전체 대상자의 87%)들은 저녁에 혼자 밥을 먹고, 집에 혼자 있는 것을 더 선호하였다. 그리고 더 늦은 시각에 잠에 들며, 온라인 활동을 더 익숙하게 여겼다. 특히, 직접 소통하고 대면 활동을 하는 아동들의 행복감은 7.33점이었는데, 혼자서 미디어 활동에 더 많은 시간을 쏟는 아동들의 행복감은 6.72점이었다. 이 조사의 결론은 이렇다.

> 아이들에게 매일 적정한 생활시간을 보장하고, 일상에서
> **누군가와 함께하는 시간 & 공간을 제공하는 노력**이 중요하다.

윷놀이는 말판을 놓으면서 전략적 사고와 문제해결 능력을 기를 수 있다. 무엇보다 윷놀이는 같은 시간, 같은 공간에서 직접 얼굴을 보면서 서로 숨결을 느끼며 감정을 공유하게 해 준다. 친구, 가족 등과 손쉽게 사회적 관계를 맺을 수 있는 기회를 제공해 준다. 그래서 행복의 비타민이 될 수 있다. 윷놀이하면서 공부를 하면 무엇보다 친구와 인생의 스토리를 함께 만들어 갈 수 있다. 대학생이 되고, 성

인이 되었을 때 그때 기억을 떠올리는 것을 상상해 보자. 함께 향유하는 공부, 그것이 행복하게 사는 비결이다.

❀ ❀ ❀

첫째, 윷놀이 하면서 공부하면 경험기억의 효과를 볼 수 있다.

둘째, 경험기억은 사건(경험)과 연결되어 재생하는 것이다.

셋째, (학습 효율성 피라미드에서 보듯) 서로 가르치고 배우는 공부가 가장 효과적이다.

넷째, 서로 평가하고 피드백하면 깊이 있는 학습을 할 수 있다.

다섯째, 시험과 평가는 '학습을 위한' 것이고, 학습의 과정이다.

여섯째, 사회적 관계의 질은 행복을 결정하는 중요한 요소다.

일곱째, 친구는 서로 성장하게 돕고, 인생의 스토리를 함께 만드는 사람이다.

온워드

성장하기 1	윷놀이는 함께 독서를 하고 나서 내용을 내 것으로 만들 때 활용하면 좋다. 친구들이나 가족과 함께 탈무드를 읽고, 윷놀이를 해 보자. 글쓴이가 운영하는 「공부 역량(LC2) 아카데미」의 블로그에 올린 문제와 답을 활용하기 바란다.

성장하기 2	친구들과 함께 단원을 정해 공부하고서, 문제와 답을 만들어 아래 전통놀이로 익혀 보자. 문제와 답지 양식은 「LC2 블로그」에서 다운로드하자. 이 책 207쪽에 소개한 말판놀이를 활용해도 좋다.

성장하기 3	친구와 함께 공부놀이 하고 나서 좋은 점을 적어 보자.

제7장

삶의 주인 되는 학업 루틴

나를 경영하자

만약 당신이 늘 하던 대로 살아간다면 당신은 기존에 얻었던 것만 얻을 것이다.
-헨리 포드-

삶에서 성공 스토리를 쓰는 사람들은 나만의 루틴을 만들어 살아간다. 루틴은 그 사람의 정체성을 나타내고, 삶의 주인으로 만들어 준다. 학업생활도 루틴을 만들어 실천해야 성공할 수 있고, 내가 주인이 될 수 있다.

학업생활의 루틴을 만들어 실천하기 위해, 학기(월) 계획하기-주 계획하기-하루 계획하기의 원리를 익히자. 또 하루하루를 체계적이고 풍요롭게 살아가기 위한 삶의 습관을 몸에 붙이자. 학업이나 일상생활에서 주인으로 살아가도록 안내하는 『인생 성장으로 가는 학업 성공 다이어리』(책자리출판사, 2024. 12.)를 활용하자.

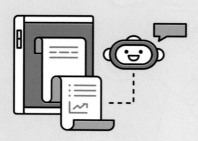

01
루틴과 정체성

꿈을 꾸는 사람들은 어떻게 살까

케이팝(K-pop) 리더, 꿈과 하루

　JYP 엔터테인먼트는 다른 나라 사람들도 케이팝(K-pop, 한국의 대중음악)을 좋아하게 만든 대표적인 연예기획사이다. JYP의 리더, 박진영은 어떻게 성공의 길을 걷고 있을까? 그는 방송 프로그램(집사부일체)[1]에 나와 꿈을 이야기 했다. 가수가 되고 첫 꿈이 20억을 버는 거였다. 그러면 일하지 않고도 신나게 살 수 있으니까. 그 꿈이 빨리 이루어졌다. 그래서 생각했다. 목표에 도달했으니, 이제 일을 하지 않아도 되는가? 한참 고민한 끝에 꿈이 잘못되었다는 것을 깨달았다. 많은 돈을 버는 것은 그냥 수단에 불과하다는 결론을 내렸다. 그는 가치 있는 꿈이 인생의 목적이 되어야 한다고 강조한다. 그러면서 그는 꿈을 이루기 위해 20년 동안 하루도 거르지 않는 자신만의 루틴(routine)을 공개하였다.

　아침 7시 30분에 일본어를 공부하면서 잠에서 깬다. 일어나자마자 몸무게를 체크한다. 올리브 우유, 유산균, 세 종류의 건과, 과일 등으로 아침 식사를 한다. 9시에는 아침 체조를 하고, 10시에는 발성과 노래 연습을 한다. 낮에 웨이트 트레이닝을 하고, 저녁은 일주일에 세 번만 먹는다. 월요일과 목요일에는 좋아하는 농구를 2시간씩 한다. 화장실도 정해진 시간에 가고, 옷은 고르는 시간을 줄이기 위해 계절마다 두 벌만 갖고 있다.

그는 유명한 곡을 수없이 만들었지만 아직도 작곡을 배우러 다닌다. 그는 왜 이렇게 하루를 철저한 루틴 속에 살고 있을까? 언젠가 방송에 나와 60대가 되어도 20대처럼 춤을 추고 싶다고 말하였다. 그도 이제 50이 넘었다. 그래도 20대 못지않게 유연한 몸으로 아름다운 댄스와 노래를 보여 주고 있다. 케이팝 리더를 움직이는 힘은 하루 루틴이었다.

대(大)철학자와 수능 만점자의 루틴

소크라테스가 수업 첫날에 제자들에게 말했다.[2] "가장 간단하면서도 가장 어려운 일에 대해 배우도록 하겠다. 모두 팔을 최대한 앞으로 뻗었다가, 다시 뒤로 뻗어라. 오늘부터 이 동작을 매일 열 번씩 하여라. 내 명령이라 생각하지 말고, 너희 자신과의 약속이라 생각하고 실천해야 한다. 모두 할 수 있겠느냐?"

한 달 후, 소크라테스가 제자들에게 팔운동을 하고 있는지 손을 들어 보라 하였다. 열 사람 중에 아홉이 자랑스럽게 손을 들었다. 또 한 달이 지나 같은 질문을 하였더니 여덟이 손을 들었다. 1년이 지난 후 같은 질문에 한 사람만이 손을 번쩍 들었다. 소크라테스는 웃음 띤 얼굴로 이렇게 말했다.

"너라면 세상을 바꿀 수도 있겠구나."

자신과의 약속을 지킨 제자는 바로 플라톤이었다. 나는 소크라테스의 제자가 될 수 있을지 생각해 보자.

2024년 대학수능시험에서 유일하게 만점을 받은 유 아무개 학생은 아침 공부 루틴을 그 비결로 꼽았다.[3]

> "우선 루틴으로만 보면 아침에 일어나는 시간은 무조건 동일하게 유지해서 아침 공부를 익숙하게 하는 습관을 지키려고 했다. 수능시험도 아침부터 시작하기 때문에 중요하게 생각했다."

이 기사를 접하면서 오래 전, 아침에 1분간 하루를 계획하는 습관을 실천한 덕에 서울대학교에 진학하였다[4]고 말한 학생이 떠올랐다. 1분은 아주 짧은 시간이지만, 분초를 다투는 고3 학생에게는 그렇지 않을 수도 있다. 아침 시간에, 오늘 학교에서 자율학습 시간에는 어떤 과목, 어떤 단원을 공부할 것인지, 자투리 시간을 어떻게 활용할 것인지 계획하여 실천한 루틴이 큰 힘이 되었다.

루틴과 습관, 정체성

루틴(Routine)은 길, 노선, 경로(route)와 어원이 같다. 루틴은 무엇을 실천하는 일상적이거나 정해진 방법인데, 깨다(to break)는 의미도 있다. 지금까지 잘못된 습관을 깨버리고, 다시 나만의 길을 내는 것이 루틴이다.

『데일리 루틴』을 쓴 허두영은 루틴과 습관을 이렇게 비교하였다.[5] 루틴은 내가 그리는 미래의 모습을 실현하기 위해 매일 반복적으로 훈련하는 의식적인 행동이고, 습관은 어떤 행위를 오랫동안 되풀이하는 과정에서 저절로 익힌 행동 방식이다. 루틴과 습관은 공통점(반복적인 행동)이 있지만, 다른 점도 있다.

루틴	습관
• 의도적이다.	• 무의도적이다.
• 의식적인 노력이 필요하다.	• 의식적인 노력이 필요 없다.
• 긍정적인 것에 국한하다.	• 긍정, 부정을 모두 포함한다.
• '내'가 중심(주체)이다.	• (비교적) 환경에 반응적이다.
• 과정에 초점이 있다.	• 결과에 초점이 있다.

　루틴은 의도적인 목적(미래의 나의 모습 실현)을 향한다. 또 의식적으로 노력하는 행동이다. 반면에 습관은 외부의 자극(신호)에 반응하는 행동이다. 그래서 습관은 의식적인 노력이 필요하지 않는다. 몸이 기억하고 무의식적으로 반응하는 행동이다. 또 습관은 긍정적인 행동과 부정적인 행동(불안하면 손톱 깨물기 등)을 모두 포함한다. 결국 습관은 의도하지 않아도 하게 되는 자동화된 행동이고, 루틴은 의도를 갖고 만들어 내는 의식적 행동이다. 루틴을 다시 정의해 보자.

> "바람직한 목적을 향해 의식적으로 노력하는 반복 행동"

　루틴의 자동화가 습관이라면, 결국 나쁜 습관을 없애고 좋은 습관을 형성하는 노력을 기울여야 한다. 『아주 작은 습관의 힘』을 쓴 제임스 클리어(James Clear)는 습관화를 세 단계(층)로 제시하였다.[6]

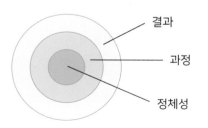

행동 변화의 세 단계

결과 ── 과정 ── 정체성

첫 번째 층은 결과를 변화시키는 것이다. 목표(체중 줄이기 등)에 초점을 두고 행동을 바꿀 수 있다. 이때는 '얻어낸 것'에 초점이 있다.

두 번째 층은 과정을 변화시키는 데 초점을 둔다. 책상을 정리하고서 공부를 시작하거나 하루 중에서 시간을 정해 운동을 하는 것처럼 무엇을 '해나가는 것'에 초점을 둔다. 세 번째 층은 정체성을 변화시키는 것이다. 자신에 대한 믿음을 바꾸는 것을 습관 형성의 출발점으로 본다. 결국 나의 행동을 긍정적으로 변화시키려면 세 가지가 모두 유용하지만, 정체성을 중심에 두고 루틴, 습관을 형성해야 한다. 그렇다면 정체성은 무엇인가?

> **정체성(Identity)**
> = 실재하다(essentitas) + 반복적으로(identidem)

정체성은 반복된 실제라는 뜻이다.[7] 그 사람에게 반복적으로 나타나는(존재하는) 행동이 습관이므로, 정체성과 습관은 결국 하나이고 서로 쌍방향으로 작용한다. 습관은 나의 정체성을 형성하는 통로이다. 역으로 습관은 정체성을 중심으로 형성되어야 오래 가고 진정으로 자신의 삶을 변화시킬 수 있다. 결국 의식적인 루틴으로 긍정적인 습관을 형성하는 과정에서 정체성 변화에 초점을 두자.

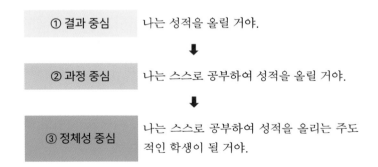

"나는 누구인가?, 나는 어떤 사람이 되고 싶은가?" 루틴이나 습관을 형성하려고 노력할 때 가져야 할 질문이다.

주체적으로 살려면 어떻게 해야 할까

분초사회의 출현

서울대학교 김난도 교수팀은 2024년 소비트렌드의 키워드 10개를 제시하는 중에 분초사회를 맨 앞자리에 놓았다.[8] 분초사회란 시간 사용의 효율성과 밀도를 높이려는 경향성을 말한다. 연구팀은 맨 앞에 놓은 키워드가 나머지 키워드들을 이끌고 간다는 원칙을 갖고 있다.

분초사회를 맨 앞에 둔 이유는 무엇인가? 그 이유를 경제 패러다임의 전환에서 설명한다. 지금 시대는 소유 경제에서 경험 경제로 바뀌었기 때문에 시간이 돈보다 중요한 자원이 되었다. 요즘 MZ 세대들은 소문난 맛집, 핫 플레이스는 아무리 멀고, 시간이 오래 걸려도 찾아 나선다. OTT 플랫폼에서 하루 종일 좋아하는 콘텐츠를 즐긴다. 이렇게 경험 구매를 잘하려면 평소에 시간을 효율적으로 사용하는 습관을 가져야 한다.

초(初)는 의식하기조차 힘든 시간 단위고, 분(分)은 특별한 경우를 제외하고 한 단위의 일을 마무리하기에 턱없이 부족한 시간이다. 그런데 50초짜리 영화를 만드는 세상이 되었다.

　시간 사용의 효율성과 밀도를 높이려는 분초사회의 경향은 이미 일상에 파고들었다. 2020년에 출발한 유튜브 숏츠에 영상을 올리려면 최대 1분을 넘어서는 안 된다. 직장에서도 한 장소에 모여 집합회의를 하기 보다는 화상회의를 선호한다. 시간을 절약할 수 있고, 주제에 더 집중할 수 있어서다. 특히, MZ 세대들에게 사람의 정(情), 부서원 단합 운운하는 저녁 회식은 구시대의 유물이다. 육각형 인생[9]이 되려면 퇴근 이후에 헬스장에 가서 개인 트레이닝도 받아야 하고, 스핀오프 프로젝트[10]도 하려면 분초도 허투루 쓸 여유가 없다. 시간 사용의 합리성과 가성비는 MZ 세대에게 지고(至高)의 가치가 되었다.

시간의 초개인화와 학업 주도성

　김 교수팀은 분초사회라는 키워드를 제시하면서 중요한 해설을 덧붙였다. 이제 타인이 정해 준 삶의 흐름이 아니라 자신이 적극적으로 자기 시간을 지키고, 관리해야 하는 시간의 초개인화 시대가 되었다.[11] 다른 사람의 통제 없이 온전히 내 시간을 내가 주체적으로 계획하여 사용하는 것이 시간의 초개인화이다. 코로나 팬더믹 기간에 재택근무를 하면서 출퇴근을 하지 않고, 회의, 회식 등이 없으니 시간을 절약할 수 있었다. 이를 통해 사람들은 스스로 주체가 되어 일상의 흐름을 주도할 수 있는 가능성을 발견하였다.

시간의 초개인화는 삶의 루틴을 지탱하는 토대이다. 루틴은 충동적인 자아를 제어하고 이성적인 자아가 삶을 다스리도록 한다. 루틴을 통해 꿈을 이루는 과정에서 성공경험이 쌓이면 자기 확신이 더해지고 진정한 자유와 행복을 맛보게 된다.[12] 학업생활도 마찬가지이다. 나를 둘러싼 외부 환경을 통제할 수 있는 힘, 그것이 주도성이다. 주도성은 자신만의 삶의 루틴이 있어야 실천할 수 있다. 나만의 루틴이 있다면 어떤 상황, 어떤 환경이든 삶의 안정감과 통제감을 가질 수 있다. 자신만의 엄격한 루틴을 지킴으로써 더 많은 시간적 정신적 여유를 누릴 수 있다.[13] 결국 루틴은 주체적으로 살아가는 출발점이다.

✿   ✿   ✿

첫째, 루틴은 바람직한 목적을 향한 의식적인 반복 행동이다.

둘째, 습관은 루틴의 무의식적 자동화이다.

셋째, 루틴은 습관과 정체성은 서로 양방향 관계이다.

넷째, 루틴은 습관은 정체성을 중심으로 이루어져야 한다.

다섯째, '나'는 누구인가? 이것이 루틴(습관) 형성의 핵심이다.

여섯째, 분초사회는 시간의 효율성에 대한 욕구의 표현이다.

일곱째, 시간의 초개인화는 주체적 삶을 위한 토대이다.

02(학업생활의 루틴 만들기)에서는 학업생활의 루틴을 설계하고 실천하는 원리, 시스템을 익혀 보자. 삶의 목표가 얻어내고자 하는 결과라면, 시스템은 그 결과로 이끄는 도구이다.[14]

02
학업생활의 루틴 만들기

어떻게 학업생활을 하고 있는가

아래 문항을 꼼꼼하게 읽으면서, 평소 학업생활과 일치한다고 생각하면 1점을 매기자. ②, ③, ⑥번은 일치하지 않을 때 1점을 주자. 부모님도 자녀의 모습에 대해 반응해 보자.

 나(자녀)의 생활습관 진단하기

① 평소 생활계획표를 작성하여 생활한다.

② 생활계획을 세워 놓기만 하고, 실천하지 못할 때가 많다.

③ 정해진 시간이 따로 없고, 마음 내킬 때에 공부한다.

④ 일요일이나 공휴일에도 계획적으로 공부한다.

⑤ 컴퓨터 게임, 운동 등은 시간을 정해 놓고 한다.

⑥ 숙제 등 해야 할 일을 뒤로 미루고 한다.

⑦ 아침에 일어나면 하루의 일과를 대략이라도 계획한다.

⑧ 시험 일정이나 약속 등을 다이어리에 미리 기록한다.

⑨ 점심시간, 쉬는 시간을 수업 전(후) 공부에 잘 활용한다.

⑩ 어렵거나 중요한 과목을 먼저, 쉬운 과목은 나중에 공부한다.

✎ 내가 생각하는 나: _____개   ✎ 자녀의 모습: _____개

나와 부모님의 생각(점수)이 어느 정도 일치하는가? 7점 이상이면 학업생활을 짜임새 있게 한다고 해석해도 좋다. 5개 이하가 나왔더라도 걱정할 필요 없다. 나를 정확하게 이해하였으니 성장의 문이 열린 셈이다.

학업생활을 체계적으로 계획하고, 실천하는 절차나 방법을 제대로 이해하자. "계획을 세워도 지키지도 못할 건데 무엇 때문에 시간을 낭비하느냐"는 이유로 생활계획을 하지 않는다면 글쓴이가 제시하는 원리에 주목해 주기 바란다. 굳은 의지도 중요하지만 원리를 알아야 실천할 수 있다. 그래야 자신감이 생기고, 하루하루 삶의 주인으로 살아갈 수 있다.

학업생활을 어떻게 계획해야 할까

학업생활의 흐름 이해하기

학업생활을 계획하는 전체 과정은 [그림 7-1]과 같다.

정체성과 삶 주도성   학업생활을 포함하여 삶에서 주도성을 실천하려면, 나의 정체성을 분명하게 알아야 한다. 제1장에 소개한 J군을 떠올려 보면 정체성이 삶의 주도성을 이끈다는 사실을 알 수 있다. 프레이 등[15]은 정체성과 주도성을 하나로 묶어서 표현하였다. 정체성은 사명, 비전, 핵심 가치로 이루어지는데, 세 가지는 연쇄적인 관계를 맺는다(맺어야 한다). 사명을 바탕으로 비전이 생기고(그래야 하고), 비전에 맞게 핵심 가치를 가져야 한다.

첫째, 사명(mission)은 존재 이유를 말한다. 나는 왜 사는가? 나의

존재 의의는 무엇인가? 예컨대, 의사가 되려는 사람은 다른 사람을
돕는 삶을 사명으로 삼을 수 있다. 둘째, 비전(vision)은 이루고 싶은
꿈이다. 나는 어디로 가야 하는가? 무엇이 되어야 하는가에 대한 답
이 비전이다. 사명(다른 사람을 돕는 삶)에 이르는 비전으로 의사되기

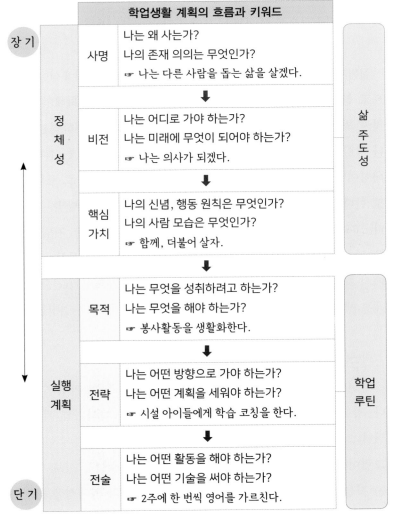

그림 7-1 학업생활 계획의 체계

를 꼽을 수 있다. 셋째, 핵심 가치(core value)는 나만의 신념이나 기준, 행동의 원칙을 말한다. 그 사람을 생각하면 떠오르는 모습(인재상)이다. 의사(되기를 원하는 사람)는 남의 아픔을 공감하고 더불어 사는 행동을 실천해야 하고, 일상에서 그런 모습을 보여야 한다. 결국 정체성에 해당하는 세 가지는 삶 주도성의 근원으로, 인생 전체에 걸쳐 지속적으로 형성해 나가야 한다.

　　실행계획　학업생활을 잘하려면, 장기적인 관점의 정체성을 바탕으로 한 달, 한 주, 하루를 어떻게 살지 체계적으로 계획해야 한다. 첫째, 목적(목표)을 잘 수립해야 한다. 목적(goal)은 실현하려는 결과나 방향이고, 목표(objective)는 목적을 이루려고 지향하는 실제적인 대상이다. 둘은 서로 상-하의 관계가 성립되는데, 하나로 표현하기도 한다. 전략은 목적(목표)에 도달하기 위해 나아가는 방법, 책략이다. 그리고 전술은 전략의 하위 개념으로 구체적인 기술, 기법, 행동을 말한다. 예를 들면, 봉사활동을 생활화하기(목적), 목표-고아원에서 학습 지도하기(전략)-일주일에 한 번 영어 가르치기(전술)의 관계를 생각할 수 있다. 실행계획의 요소들이 학업 루틴을 결정한다.

학년(학기) 계획하기

　　학년이나 학기를 계획하는 것은 크게 어려운 일이 아닐 수도 있다. 학교에서 정한 계획(중간시험, 기말시험 등)을 따라가면 된다. 그러나 그것만으로는 부족하다. 큰 그림을 그리고 시작해야 한다. 큰 그림이란 [그림 7-1]에서 윗부분에 해당하는 요소들을 서로 연결하는 것을 말한다. 먼저, 새 학년(학기)이 되면 나의 정체성을 점검하고 정하는 시간을 갖자.

2024년 '나'는 누구인가?

사명 ☞ 나는 다른 사람을 돕는 삶을 살고 싶다.

비전 ☞ 나의 꿈은 의사다.

핵심 가치

　☞ 봉사하는 삶이 아름답다.

　☞ 모든 생명은 고귀하다.

　☞ 경청이 먼저다.

월 계획하기

　월 계획은 실행계획 중에 목적(목표)을 설정하는 데 초점이 있다. 한 달의 학업목표를 정할 때 상향식으로 진행하자. 글쓴이는 이를 F-G-I

기초 = Foundation,
목적(목표) = Goal(objective),
공지(공유) = Information

월 계획 단계와 실천 활동	
단계	실천 활동
기초 파악	① 가정생활의 주요 행사를 파악하여 기록한다. ② 학업생활의 주요 행사를 파악하여 기록한다. ③ 지난달의 생활을 성찰하여 반영한다.

목적(목표) 설정	④ 가정생활의 중점 목적과 실행 목표를 정한다. ⑤ 학업생활의 중점 목적과 실행 목표를 정한다. ⑥ 이번 달의 슬로건을 정한다.

계획 공지	⑦ 월 계획의 기초와 목표를 점검, 조정한다. ⑧ 컴퓨터, 스마트폰에도 저장한다. ⑨ 가족 구성원과 공유한다.

기법이라 하겠다. 생활계획에 필요한 기초 사항(F)을 파악한 후에, 목표(G)를 설정하고, 이를 나와 주변 사람들에게 알린다(I).

기초 파악 월 계획을 세울 때는 가정의 행사도 잘 파악하여 반영하여야 한다. 학업생활의 주요 내용은 이미 학기 초에 결정되었기 때문에 그대로 반영하면 된다. 그렇지만 가정생활은 이미 정해진 것도 있지만, 그렇지 않은 것도 있다. 월 계획을 할 때, 부모님께 다음 달의 주요 행사가 무엇인지 여쭈어 반영하자. 또 지난달을 되돌아보고, 좋은 것은 살려 나가고, 부족한 것은 보완하는 계획을 세운다. 기초적으로 파악한 내용을 기록할 때 가정생활과 학업생활을 서로 다르게 표식하면(글씨체 등) 활용하기에 좋다.

목적(목표) 설정 기초 사항을 토대로 월의 생활 목표를 수립한다. 목표를 설정할 때도 가정생활과 학업생활을 구분하는 사고가 필요하다. 각 영역의 목표를 정할 때는 가장 중요하다고 생각하는 중점 목적을 하나 정하고, 그에 따른 실행 목표를 3개 이내로 정한다. 그러면 가정생활과 학업생활의 초점을 균형 있게 잡을 수 있다. 중점 목적과 실행 목표 등을 종합하여 월 생활의 슬로건을 맨 위에 쓰면, 이번 달에 지향할 삶의 푯대가 세워진다.

계획 공지 월 계획을 공지(공유)하자. 먼저 나 자신에게 공지한다. 나에게 공지한다는 말이 무엇인가? 스스로 항상 의식하게 한다는 말이다. 컴퓨터 화면이나 스마트폰에 저장해두면 수시로 한 달 전체를 볼 수 있다. 특히, 한 달 계획을 부모님 등에게 공지(공유)하면 식구들도 나의 삶을 알고, 지원해 줄 수 있다.

5월.	가족, 보이지 않는 사랑의 끈이다.					
구분	중점 목적			실행 목표		
학업 생활	한자 5급 시험 통과하기			모의시험 준비하기		
				보충 학습하기		
				시험 응시하기		
가정 생활	가족 여행하기			여행 계획과 예약하기		
				여행 가이드 준비하기		
				여행 디지털 사진 만들기		
일	월	화	수	목	금	토
	1	2	3	4	5 어린이날	6
7	8 어버이날	9	10	11	12	13 가족 여행
14	15	16	17	18	19 과학포트 폴리오	20
21	22	23	24	25	26	27 석탄일
28 한자 시험	29	30	31	1	2	3

예시한 5월 계획에서 가족 여행하기를 가정생활의 중점 목적으로 정했다. 누가 가족 여행을 주도하는가? 대개 부모님들이 여행 계획을 세우고, 일정을 이끈다. 그런데 이를 나의 계획으로 넣었다. 중학생이면 충분히 가족 여행의 주체가 될 수 있지 않은가? 삶의 주도성은 이런 데서 싹튼다.

이 책을 읽고 있는 부모님들께 특히 강조할 게 있다. 자녀들이 초등학교 때는 부모님과 여행하는 것을 좋아하다가도, 중학생이 되고 고등학생이 되면 별로 좋아하지 않는다. 왜 그럴까? 그때가 되면 부모에게서 독립하려는 욕구도 있지만, 부모가 중심이 되니 별로 재미가 없다. 자녀들이 주도하게 해 보자. 중학생만 되어도 부모들 못지 않게 잘할 수 있다. 가족 여행을 계획하고, 실행하고(가이드하기 등), 평가하는 일을 해 보면 대학생이 되고, 성인이 되어서도 함께 가족여행 하는 것을 좋아하고, 앞장서 주도할 것이다.

주 계획하기

학교생활은 주를 단위로 반복되기 때문에 주 계획은 학업생활 계획의 핵심이다. 주 계획은 월 계획보다 복잡하다. 그래도 원리를 꼼꼼하게 파악하고, 두세 번 실천해 보면 익숙해진다.

첫째, 일요일에 1시간 정도를 주 계획 시간으로 정하자. 그 시간을 고정하는 게 좋다. 둘째, 24시간이 기록된 일주일 단위의 생활기록표를 마련한다. 한 번만 틀을 만들어 컴퓨터에 저장하고서 계속 활용하면 된다. 마지막으로, 최소 두 주 정도를 내다보고, 주 계획을 세우자. 만약 월요일에 수업 포트폴리오를 제출해야 하는데, 그 전날(일요일)에 할머니 생신이라 친척들이 저녁을 먹기로 했다면, 전(前) 주에 포트폴리오 준비를 마치도록 계획해야 한다. 그래야 가족생활과 학업생활을 똑같이 잘 할 수 있다.

주 계획도 F-G-I 사고를 기초로 실천해야 한다. 각 단계를 실천하는 원리를 알아보자.

주 계획 단계와 실천 활동	
단계	실천 활동
기초 파악	① 지난주의 생활을 성찰한다. ② 이번 주에 해야 할 모든 활동을 나열한다. ③ 나열한 활동을 유사한 범주로 묶는다. ④ 고정 활동 → 생활 활동 → 자유 활동을 순서대로 배정한다. ⑤ 공부 가능 시간과 공부 필요 시간을 계산한다.
목적(목표) 설정	⑥ 공부 활동을 배정한다. ⑦ 가정생활의 중점 목적과 실행 목표를 정한다. ⑧ 가정생활의 중점 목적과 실행 목표를 정한다.
계획 공지	⑨ 주 계획을 점검, 조정한다. ⑩ 컴퓨터, 스마트 폰에도 저장한다. ⑪ 가족 구성원과 공유한다.

기초 파악하기 첫째, 이번 주 해야 할 활동들을 나열하고, 유사한 것끼리 묶는다. 이때 지난주 생활을 성찰한 결과도 반영한다. 고정활동은 학교 수업, 학원 수강처럼 내가 마음대로 바꿀 수 없는 것이다. 생활 활동은 수면, 세면, 식사, 등·하교처럼 일상생활을 하는 데 필수적인 것들이다. 자유 활동은 취미 활동, 운동, 친구 만나기처럼 자유롭게 정하는 것들이다. 마지막으로, 공부 활동은 말 그대로 내가 스스로 계획하여 실천하는 수업 전 공부, 수업 후 공부 등을 말한다.

둘째, 고정 활동, 생활 활동, 자유 활동 시간을 순서대로 여유롭게 배정한다. 각 활동은 서로 구분되도록 글씨체 등을 달리하면 좋다.

그리고 각 활동에 들어가는 시간을 넉넉하게 배정하자. 시간을 너무 빡빡하게 배정하면 지킬 수도 없고, 스트레스만 받는다. 셋째, 공부 활동을 배정한다. 이것이 주 계획의 심장이다. 고정 활동, 생활 활동, 자유 활동에 들어가는 시간을 뺀 나머지에 수업 전 공부, 수업 후 공부 등을 배정한다.

---

1. 한 주 활동 나열하기

수면, 등·하교, 수업, 스트레칭, 운동(탁구), 식사, 학원 수강, 교회 예배, 컴퓨터 게임, 유트브 보기, 예습과 복습, SQ3R, 공부 성찰하기, 축구 경기 관람, 일기 쓰기, 친구 만나기(생일), 과학 포트폴리오 제출, 휴식, 주간 계획 등

⬇

2. 한 주 활동 구분하기(묶기)

고정 활동	생활 활동	자유 활동	공부 활동
• 학교 수업	• 수면	• 탁구 연습	• 수업 전 공부
• 학원 수강	• 식사하기	• 유튜브 보기	• 수업 후 공부
• 교회 예배	• 등교, 하교	• 컴퓨터 게임	• 포트폴리오
• 주간 계획	• 휴식	• 축구 관람	• SQ3R 실천

목적 설정하기 이 단계에서는 공부 활동 시간을 배정하고, 가정생활과 학업생활의 목적과 목표를 정한다. 목적 설정이 주 계획의 뼈대이므로 그 순서와 원칙을 꼼꼼하게 알아야 한다.

첫째, 공부 활동 시간을 무리하게 배정하지 않아야 한다. 전체 공부 가능 시간의 80% 이내에서 공부 활동을 배정하자. 너무 빡빡하게 계획하면 지키기 어렵고, 그러면 자신을 믿지 못한다.

① 고정 활동, 생활 활동, 자유 활동을 배정하고 남은 시간을 굵은 선으로 테두리한다.

② 이번 주에 해야 할 중요한 과제 목록을 작성하고, 그에 필요한 시간을 배정한다.

③ 지난주 공부 성찰을 통해 우선적으로 해야 할 공부에 드는 시간을 배정한다.

④ ①~③을 뺀 나머지 시간이 **공부 가능 시간**이다. 공부 가능 시간을 잘 활용하는 것이 주 계획의 핵심이다.

⑤ 과목별로 **공부 필요 시간**을 계산한다. 이때 수업 시수, 나의 비전 등을 고려하되, 과목의 중요도 × 수업 시수의 원칙을 적용하면 좋다.

⑥ 공부 가능 시간보다 공부 필요 시간이 너무 많으면, 자유 활동에서 공부 가능 시간을 확보한다.

⑦ 공부 활동 시간을 무리하게 배정하지 않았는지 검토한다.

둘째, 자투리 시간도 어떻게 활용할지 계획하자. 학교에서 점심시간에 10분 정도라도 산책할 시간을 정해 놓으면 건강도 챙기고, 오후 수업 시간에 졸지 않고 열심히 참여할 수 있다.

셋째, 게임하기와 휴식하기는 구분하여 계획하자. 공부를 하고, 숙제를 한 다음에 쉰다는 생각으로 게임을 해서는 안 된다. 그 이유는 255~256쪽에 나온 디폴트 모드 네트워크(Default mode network)에서 알 수 있다.

5월 중 셋째 주 계획하기							
중점 목적				실행 목표			
학업 생활	과학 E-포트폴리오 제출하기			자료 정리하기-검토하기			
				포트폴리오 구성하기			
				제출하기			
가정 생활	가족여행 디지털 앨범 만들기			어플 설치, 사용법 익히기			
				앨범 만들기			
				가족과 공유하기			
	월	화	수	목	금	토	일
7:00	기상-세면-스트레칭-하루 계획-등교 준비					수면	
8:00	아침 식사-등교					아침 식사-휴식	
	오전 수업 S와 Q 확인하기(실천하기)-20분						
1교시	회의	국어	수학	사회	국어	전체 복습	교회 예배
2교시	가정	도덕	체육	수학	기술		
3교시	국어	영어	기술	체육	미술	여행 앨범	
4교시	사회	컴퓨터	음악	과학	영어		점심- 휴식
점심 시간	점심 식사-산책하기					친구 생일	
	오후 수업 S와 Q 확인하기(실천하기)-20분						
5교시	도덕	과학	과학	영어	영어		프로 축구 관람
6교시	국어	국사	국어	국어	체육		
15:00	하교-휴식						
16:00	탁구	영어 복습	탁구	국어 복습	컴퓨터 게임		
17:00		수학 복습		수학 복습		저녁 식사-휴식	
18:00	저녁 식사-휴식						
19:00	영어 학원	수학 학원	과학포트 폴리오		수학 학원	컴퓨터 게임	주간 계획
20:00							
21:00	복습 및 수업 예습(S와 Q)						S와 Q
22:00	일기 쓰기와 공부 성찰하기						
23:00	수면						
고정	9	9	7	7	9	0	5
생활	11	11	11	11	11	11	14
자유	2(1)	0	2	2(2)	2	11(3)	4
공부	2	4	4	4	2	2	1

하루 계획하기　하루는 삶을 보여 주는 상징체계이다.[16] 하루하루를 어떻게 사는지 보면 그 사람의 삶을 알 수 있다. 하루 계획은 F-G-I의 사고를 적용하지 않아도 된다. 하루 계획은 학업 생활의 흐름에서 보면([그림 7-1]), 실행 전략과 전술에 해당한다. 주 계획 중에 하루(토요일)를 실천한 내용을 보면서 원칙을 알아보자.

첫째, 우선순위를 기준으로 계획하고 실천하자. 성공하는 사람들은 급한 일보다 중요한 일을 먼저 한다. 시중에 나온 다이어리를 보면 대개 시간을 기준으로 할 일을 나열하였다. 글쓴이가 만든 틀도 왼편에 시간대별로 할 일(성장 활동)을 적게 하였다. 그런 다음에 오른편에 학업생활과 가정생활로 구분하고, 왼편에 적은 활동을 우선순위를 기준으로(성장 순서) 재배열하였다.

둘째, 하루 계획을 실천한 정도(성장 점검)를 체크하자. 그리고 하루에 대한 나의 느낌, 생각을 담은 하루 한 줄 편지를 쓰자. 오늘 할 일을 완료하였는지, 더 진행하여야 하는지, 연기하거나 취소하였는지 등을 체크하면 머릿속이 맑아지고, 내일을 어떻게 살아야 할지도 정리된다.

셋째, 하루를 돌아보면서 나에게 편지를 써 보자. 잘 한 일은 스스로 칭찬하고, 아쉬운 마음을 달래보기도 하고, 새로운 다짐도 해 보는 시간을 가지면 하루가 풍성해질 것이다. 이렇게 하면, 일기를 따로 쓰지 않아도 충분하지 않을까?

토요일(15)					
시간	성장 활동	성장 순서			성장 점검
Am. 9	전체 복습하기	학업 생활	1	전체 복습하기	✔(완료)
10			2		
11	여행 앨범 만들기		3		
12			4		
Am. 1	고아원 친구들과 함께하기		5		
2			6		
3			7		
4		가정 생활	1	고아원 친구와 놀기	✔(완료)
5			2	여행 앨범 만들기	○(진행)
6			3	컴퓨터 게임하기	✕(취소)
7	저녁 식사-휴식		4		
8			5		
9	컴퓨터 게임하기		6		
10			7		

나에게 쓰는 하루, 한 줄 편지

좋았어	즐겁고 기분 좋았던 일 찾기 - 고아원에서 친해진 동생, 친구들과 윷놀이가 재미있었어.
잘했어	친구관계, 가족생활, 학업에서 잘한 것을 칭찬하기 - 이번에 다른 친한 친구들을 데리고 가서 더 뿌듯했어.
괜찮아	속상하고, 아쉬운 일에 대해 너그럽게 넘기기 - 어린이날 생일 선물을 준비 못했지만, 다음에 주면 돼.
새롭게	새롭게 다짐하고, 새로운 아이디어 등을 떠올리기 - 쉬는 시간에 스트레칭을 하며 몸을 풀어 주자.
총평	봉사는 일방적으로 주는 게 아니야. 다 함께 행복해지는 길이라는 걸 깨달은 하루였어.

✿   ✿   ✿

첫째, 학업생활은 크게 정체성 수립과 실행계획으로 구성된다.

둘째, 월계획과 주계획은 기초 파악하기 → 목적(표) 설정하기 → 계획
공지의 순서로 사고하자.

셋째, 각 단계의 생활계획은 학업생활과 가정생활로 구분한다.

넷째, 각 단계에서 영역별로 중점 목적과 실행 목표를 정한다.

다섯째, 주 계획은 고정 활동, 생활 활동, 자유 활동을 먼저 배정한다.

여섯째, 공부 가능 시간의 70~80% 내에서 공부 활동을 배정하자.

일곱째, 하루 계획은 우선순위를 중심으로 실천하자.

03(나의 삶 루틴 실천하기)에서는 삶을 체계적으로 관리하는 나만
의 원칙을 세워 보자.

03
나의 삶 루틴 실천하기

'나'를 정확하게 이해하자

내 삶의 주인으로 살아가는 주도성을 키우려면 어떻게 해야 할까? 『주도성의 힘(The Power of Agency)』을 쓴 네이퍼와 라오(Paul Napper & Anthony Rao)는 7가지 원리를 제시하였는데, 자극 통제하기(control stimuli)를 첫째에 놓았다.[17] 자극 통제하기는 스마트폰 사용하기 등에 적용할 수 있다. 그들이 만든 체크리스트로, 나는 얼마나 자극 통제하기를 잘하는지 진단해 보자. 각 문항을 읽고, 나의 행동이나 습관과 일치하는 정도를 응답해 보자. 전혀 일치하지 않으면 1점, 거의 일치하지 않으면 2점, 약간 일치하면 3점, 정확하게 일치하면 4점을 매기자.

문항	반응 점수
① 나는 하루 종일 생활의 초점을 잡기가 어렵다.	
② 나는 평온한 장소에서 여유롭게 보낼 때가 없다.	
③ 나는 무엇(공부)에 집중하는 것이 힘들다.	
④ 나는 내 생각을 '현재'에 집중하지 못한다.	
⑤ 내 주변에는 너무 많은 방해 요소가 있다.	
⑥ 나는 좋은 아이디어를 떠올리지 못한다.	
⑦ 나는 많은 시간을 무질서하게 보내고 있다.	
합계	____/28

네이퍼와 라오는 합산 점수에 따라 해석하는 기준을 정해 주었다.

10점 이하 ☞ 자극을 통제하는 힘이 강하다. 현재처럼 자극을 통제하
  면서 일(공부)하면 된다.
11~17점 ☞ 자극을 통제하는 힘을 더 길러야 한다. 주도성의 수준을
  높이자.
18점 이상 ☞ 자극 통제하기를 보다 완벽하게 개발해야 한다. 삶에서
  자극 통제하기를 우선순위에 두자.

나는 어디에 해당하는가? 사람은 살면서 잘 때를 빼고는 항상 외
부로부터 자극을 받기 마련이다. 그런데 외부 자극을 적절하게 통
제하지 못하면 나만의 루틴을 지키기가 어렵다. 내 삶의 루틴을 지
켜 주도적으로 살려면 나는 어떻게 생활하고 있는지를 객관적으로
파악하는 데서 출발해야 한다.

뇌에게 휴식을 주자

디폴트 모드 네트워크 자극 통제하기(위 체크리스트)의 더 큰 제목
은 시원한 머리(a clear head)였다. 뇌에게 휴식을 주라는 것이다.
  뇌 과학자들은 무언가에 집중할 때 뇌의 어떤 부위가 어떻게 활
성화되는지 연구해 왔다. 그런데 사람이 아무 것도 하지 않고, 멍하
니 있을 때 분주히 활동하는 뇌 영역이 있다는 것을 발견하였다. 이
것을 디폴트 모드 네트워크(Default Mode Network: DMN)라 한다. 디
폴트(default)는 초기 혹은 기본을 뜻하므로 기본 상태 회로라 할 수
있다. 랜디 버커(Randy Bucker, 뇌 신경과학자)는 DMN을 "외부 환경

에 집중하지 않을 때, 우선적으로 활성화되는, 해부학적으로 정의된 뇌 영역"으로 정의하였다. 내측 전전두엽피질, 후방 대상피질, 하수 정두엽 등이 DMN로 간주되는 뇌 영역이다. 디폴트 모드 네트워크는 뇌가 온전히 쉬는 시간을 주어야 한다는 것을 말해 준다. 왜 뇌에게 휴식을 주어야 할까?

첫째, 자기성찰을 할 수 있다. 뇌가 아무것도 하지 않을 때, 나는 누구이고, 나의 감정 상태는 무엇인지 생각하고, 자기 지시적(self-directed) 활동을 할 수 있다. 부모님께 꾸지람을 듣고 아무 생각 없이 멍하니 책상 앞에 앉아 있다 보면 내가 무엇을 잘못했는지, 앞으로 어떻게 해야 할지 정리되는 경험을 해 보았을 것이다. 이처럼 DMN은 자아를 확립하거나 재정립하는 기회를 제공한다.

둘째, 진정한 학습을 할 수가 있다. 깨어 있는 순간에 습득한 정보와 경험들을 조직하고, 재배열하고, 단단하게 묶어 준다. 쉴 새 없이 정보를 밀어 넣기만 해서는 제대로 공부하기 어렵다. 미국 코넬 대학교에서, DMN이 학습능력(기억력)을 높여 준다는 연구 결과를 발표하였다. 연구 참가자들에게 다양한 얼굴 사진을 차례대로 보여 준 후 이전에 본 사진의 인물과 같은지 알아보는 테스트를 진행했다. 그 결과, 아무 활동도 하지 않고 가만히 있던 참가자가 더 빠르고 정확하게 문제를 맞혔다.

셋째, 창의적인 사고를 할 수 있다. 아무리 생각해내려 해도 아이디어가 떠오르지 않을 때 "잠깐 쉬었다 합시다" 이렇게 외치는 사람이 있다. DMN을 활성화시키자는 다른 표현이다. 무언가에 집중하여 골똘하게 생각하면 되레 새로운 아이디어를 낼 수가 없다. 학교 다닐 때, 주제에서 벗어나 먼 산만 쳐다보던 친구가 갑자기 기발한 생각을 말하면, 선생님께서 "그놈 참 엉뚱하네." 하고 웃으시던 기억이 새롭다. 그 친구는 DMN을 활성화하고 있었던 것이다.

멍 때리기와 마음챙김   뇌에게 휴식을 주는 한 가지 방법이 멍 때리기(space-out)이다. 글쓴이도 DMN을 몰랐을 때는, 왜 멍 때리기 대회를 하는 거지, 의아해했다. 멍 때리기는 생각할 게 많은 세상에서 잠시나마 아무 생각 없이, 아무것도 하지 않는 것에 의미를 둔다.

멍 때리기는 DMN을 활성화하는 데 효과적일 뿐 아니라, 경우에 따라서 먼 산을 멍하니 바라보니 눈 건강에도 좋다. 눈은 평소 봐야 할 곳에 맞춰 수축과 이완을 반복하느라 바쁜데, 먼 곳을 오래 바라보면 모양체와 수정체의 피로가 풀린다. 다만 멍 때리기를 너무 자주 하면 오히려 뇌 세포 노화를 촉진한다는 주장도 있다.

따라서 멍 때리는 시간이 하루에 1~2번, 한 번에 15분을 넘지 않도록 하는 게 좋다. 멍 때리기 대회에 참가하는 사람들은 일정 시간 동안 누군가와 대화를 해서도 안 되고, 휴대전화를 봐서도 안 된다. 그리고 잠을 자서도 안 된다. 그냥 쉬기만 해야 한다.

한편 학생은 학생대로, 직장인은 직장인대로 경쟁이 심하고, 미래가 불확실한 시대를 살다 보니 마음이 어지럽고 불안하다. 그래서 마음을 편안하게 갖고, 우울증, 불안장애를 예방하거나 완화하는

방법으로 마음챙김 또는 마음챙김 명상이 유행하고 있다. 마음챙김 은 내 마음을 '지금, 현재'에 완전히 집중하여 생각과 감정, 감각에 대해 수용과 무반응, 무비판의 태도를 취하는 것을 말한다. 마음챙 김 명상은 질주하는 생각, 부정적인 생각을 멈추고, 마음과 몸을 진 정으로 사랑하는 정신 훈련의 명상을 말한다. 어떤 학교(교사)는 학 생들의 수업 집중력을 높이고, 스트레스를 해소하도록 명상을 특색 프로그램으로 운영하고 있다.

　멍 때리기와 마음챙김(명상)은 특별한 도구가 필요하지 않아 어 디에서든 손쉽게 할 수가 있다. 집에서든 학교에서든 편안한 장소 를 찾아서, 잠시 시간을 내어, 몸의 긴장을 풀어 주고, 숨을 들이쉬 고 내쉬는 호흡을 하면서 감각과 의식에 집중하면 된다. 명상의 경 우 전문가의 도움을 받으면 좋지만, 유튜브만 봐도 충분하다. 학교 에서 점심을 먹고 나서 10분 정도만 시간을 내어 뇌를 쉬게 해 주면 학습효과가 올라가고, 마음의 평정도 찾을 수 있다. 그것이 행복하 게 사는 비결이기도 하다.

시간 관리의 중요성을 내면화하자

　시간 관리 잘하는 사람의 특성　나만의 루틴을 만들고, 이를 지켜 산다는 것은 시간 관리를 철저하게 하는 것과 같다. 시간 관리는 곧 자기 관리고, 인생 관리다. 누가 시간 관리를 잘할까? 시간 관리를 잘하는 사람의 특성을 나타낸 목록에서 내게 해당하는 개수를 세어 보자. 6개 이상이면 나도 시간 관리를 잘하는 사람이라고 생각하자. 그리고 모든 것을 나의 특성으로 만들어 보자.

① 계획적이다.
② 규칙적이다.
③ 독립적이다.
④ 결단력이 있다.
⑤ 기한 내에 일을 처리한다.
⑥ 부지런하다.
⑦ 약속을 잘 지킨다.
⑧ 할 일을 미리 생각한다.
⑨ 허둥대지 않는다.
⑩ 안정감이 있다.

✎ 나의 특성(개수) _____개

　　시간 명언 새기기　세월유수(歲月流水)라는 말이 있다. 세월(시간)은 흐르는 물처럼 멈추지 않고, 빠르게 지나간다는 뜻이다. 광음여전(光陰如箭, 화살처럼 빠르게 지나간다)도 같은 뜻이다. 이렇게 시간의 중요성을 말해 주는 표현이나 속담 등을 찾아 늘 가슴에 새기자. 내가 알고 있는 것을 덧붙여 보자.

① 시간을 지배할 줄 아는 사람은 인생을 지배할 줄 안다(에센 바흐).
② 인생을 사랑하는가? 그렇다면 시간을 낭비하지 마라. 시간은 인생을 이루는 요소이다(벤저민 플랭크린).
③ 가장 어리석고 못난 변명은 '시간이 없어서'라는 것이다(에디슨).
④ 인간은 항상 시간이 모자란다고 불평하면서 마치 시간이 무한정한 것처럼 행동한다(세네카).
⑤ 시간은 생명이다(뇌봉).
⑥ 세월을 아끼라 때가 악하니라(성경).
⑦ 일촌광음불가경(一寸光陰不可輕)-한마디 시간을 가벼이 여기지 말라.

나에게 적합한 공부 루틴을 실천하자

시간 제한법과 과업 제한법   어떤 일을 할 때 시간을 기준으로 하는 시간 제한법이 있고, 과업의 양을 기준으로 하는 과업 제한법이 있다. 어떤 방법으로 해야 좋을까? 일의 성질에 따라 다르다. 일반적으로 컴퓨터 게임을 할 때는 시간을 정해 놓고 하지만, 학습지 공부를 할 때는 어디에서 어디까지 풀겠다는 공부의 양을 정하고 시작하는 것이 좋다.

그렇지만 두 가지를 융통성 있게 적용하는 게 바람직하다. 공부할 의지가 부족하거나 공부 끈기가 없으면 시간 제한법으로 출발하는 것이 현실적이다. 처음에는 공부 시간을 짧게 정하고 하다가, 점차 시간을 늘려 가면서 공부하자. 과업 제한법을 쓸 때도 마찬가지다. 공부 계획은 그럴듯하게 세우지만 정작 실천하지 못하여 자기신뢰가 없는 경우라면, 점진적이고 단계적으로 접근해야 효과적이다.

낙숫물 원리와 스몰 빅 원리   하루의 중요성을 강조하는 속담이 있다. "낙숫물이 댓돌을 뚫는다." 글쓴이가 어렸을 적 농촌에서 살아 이 속담을 실감나게 체험하였다. 비록 작은 물방울이라도 오랜 세월 떨어지면 기둥을 받치고 있는 댓돌(돌덩이)에 구멍이 난다. 작은 노력이라도 끈기 있게 계속하면 무슨 일이든 해낼 수 있다. "천리 길도 한 걸음부터"라는 속담도 같은 뜻이다.

최근에 스몰 빅(Small Big) 원리를 강조한다. 작은 성공일지라도 반복하게 되면 동기부여가 되고 목표의식이 강해지는 것을 말한다. 공부할 의지는 있지만 실천하지 못하는 실행 결핍 증후군[19]을 갖고 있는 학생들은 (시간이든 과업이든) 스몰 빅 원리를 적용하면 좋다.

작은 성공이라도 자주 경험하면 학업동기와 주도성이 향상될 수 있다. 글쓴이는 낙숫물 원리와 스몰 빅 원리를 종합하여, 3S 원칙을 생각해 냈다.

> 작게(Small), 단계적으로(Step) 접근하면 성공한다(Success).

　3S 원칙은 이미 알고 있거나 강조하고 있는 여러 가지 공부 전략에 반영되고 있다. 우선 제2장에 제시한 공부 플랫폼(SQ3R)도 3S 원칙을 적용한 셈이다. 그리고 자투리 시간을 잘 활용하자는 것도 3S를 달리 표현한 셈이다. 특히, 3S는 미루기 습관을 고치는 데도 효과가 있다. 너무 무리하게 계획하면 지키기 어렵고, 너무 벅차다고 생각하면 시작도 못하고 미루게 된다.

　하루 계획과 성찰 기록하기　제4장에서 공부 성찰하기, 이 장에서 하루 계획하기를 실천하는 원리를 살펴보았다. 이때 두 가지를 꼭 기억하자. 하나는 잠들기 전이나 아침에 일일계획을 꼭 세우자. 잠들기 전이나 아침에 계획을 세우면 더 잘 의식할 수 있다. 또 오늘 할 일을 기록하자는 것이다. 머릿속으로만 계획하지 말고, 직접 기록하자. 쓰면 이루어진다고 말하지 않는다. 글쓴이가 이 책을 쓰면서 별도로『인생 성장으로 가는 학업 성공 다이어리』를 따로 만든 것도 이 때문이다.

✿ ✿ ✿

첫째, 자신과 외부 환경의 자극을 얼마나 잘 통제하는지 확인하자.

둘째, 디지털 기기를 멀리하는 원칙을 세워 지키자.

셋째, 디폴트 네트워크의 의미를 잘 이해하자.

넷째, 뇌에게 휴식을 주는 방법(멍 때리기 등)을 찾아 실천하자.

다섯째, 시간 관리의 중요성을 내면화하자.

여섯째, 공부 루틴을 찾아 실천하자.

일곱째, 하루를 성찰하고 기록하자.

온워드

성장하기 1	현재 시점에서 '나'의 정체성을 써 보자.
사명	
비전	
핵심 가치	① ② ③

성장하기 2	아래에 순서대로 실천하시오.

① A에 현재 '나'의 반복적인 행동(긍정-부정 모두)을 쓰시오.

② A 중에서 긍정적인 루틴에 해당하는 것을 B에 옮겨 쓰시오.

③ 시간이 지남에 따라 A가 개선되어 긍정적인 루틴으로 된 것은 B에 옮겨 쓰고, A에서는 지우시오.

A(현재)	B(루틴)

성장하기 3	월 계획–주 계획–하루 계획을 세워 실천한 다음에, 단계별로 성찰하시오(지속적으로 실천하자).
월	① 좋은 점:
	② 어려운 점:
	③ 개선할 점:
주	① 좋은 점:
	② 어려운 점:
	③ 개선할 점:
하루	① 좋은 점:
	② 어려운 점:
	③ 개선할 점:

프롤로그

1) "정말 사랑한다면 자녀의 '이것' 소중히 여겨라" [백성호의 현문우답]. 중앙일보, 2021. 2. 17.

2) "침팬지도 아는데 인간이 몰라"…… 자녀 '진화'시키는 최재천 팁 [백성호의 현문우 답]. 중앙일보, 2021. 2. 9.

3) 1990년 정신과 의사 포스터 W. 클라인(Foster W. Cline)과 자녀 교육 전문가 짐 페이(Jim Fay)가 펴낸 『사랑과 논리로 키우기: 아이들에게 책임감을 가르치는 법(Parenting with Love and Logic: Teaching Children Responsibility)』에서 비롯되었다.

4) 강시은과 이재림이 결혼 경험이 없는, 19세에서 34세의 성인 1,148명을 대상으로 개발, 자료를 수집하여 만든 것이다.

5) 윌리엄 스틱스러드, 네드 존슨 지음(이영래 옮김). **놓아주는 엄마 주도하는 아이**. 샘앤파커스, 2018.

6) Anderson, E. (2019). The School as a public space for democratic experiences: Formal student participation and its political characteristics. *Education, Citizenship and Social Justice*, *14*(2).

제1장

1) 자기결정성 동기에 대한 더 깊은 이해는 김아영, 김성일, 봉미미, 조윤정. **학습동기-이론 및 연구와 적용**. 학지사, 2022를 참고하기 바람.

2) OECD. *OECD Future of education and skills 2030-conceptual learning*

framework: STUDENT AGENCY FOR 2030.

3) "우리 아이들은 행복하지 않답니다". 매일경제, 2022. 5. 14.

4) NANCY FREY, DOUGLAS FISHER, and DOMINIQUE SMITH. *ALL LEARNING IS SOCIAL AND EMOTIONAL.* Paris: OECD, 2019.

5) OECD (2019). OECD Future of education and skills 2030: conceptual learning framework: A series of concept notes. Paris: OECD.

6) 챗GPT(Chat Generative-Pretrained Transformer, 사전 학습 모델 생성 변환기) 는 텍스트 생성 대화형 인공지능 프로그램으로 불린다. Generative(새로운 것 을 생성한다) + Pretrained(미리 훈련되었다) + Transformer(변환기)

7) 최서연, 전상훈. AI, 질문이 직업이 되는 세상. 미디어숲, 2024.

8) 레이 커즈와일(Ray Kurzweil)이 2005년에 쓴 『The Singularity is Near』에서 유 명해졌는데, 인공지능(AI)의 발전이 가속화되어 모든 인류의 지성을 합친 것 보다 더 뛰어난 초인공지능이 출현하는 시점을 말한다.

9) WEF. Future of Jobs Report, 2023. 2년마다 인공지능을 비롯하여 기술 혁신 의 변화에 따라 미래의 직업 세계가 어떻게 변할지 발표한다. 최근에도 45개 국가에서 1,130만 명을 고용 중인 803개 기업을 대상으로 하였다.

10) 30대 은행원도 짐 싼다…… 역대급 이익에도 은행은 희망퇴직. 중앙일보, 2023. 8. 17.

11) 5대 은행, 2년간 점포 15% 폐쇄…… 노인 많은 지방서 더 줄였다. 조선 비즈, 2023. 3. 7.

12) 챗GPT로 본 인간과 기계의 미래…… 인공지능은 사람의 일자리를 얼마나 빼 앗을까. N뉴스워커, 2023. 4. 25.

13) "챗GPT, 전문의 17명이 실패한 7세 소년 통증 원인 찾았다". 데일리 포스트, 2023. 9. 12.

14) WEF. New Vision for Education-Unlocking the Potential Technology. 2016.

15) 통계청. 2023년 경제활동인구조사 고령층 부가 조사. 2023.

16) "합계출산율 0.7명 사회 한국은 정말 끝났는가". 시사IN, 2024. 1. 10.

17) "돈 잘 버는 의사 됐으면"…… 서울대보다 지방의대 선호한 학부모들. 한국경 제, 2023. 5. 21.

18) "SKY 포기하고 의대 갈래요" …… 수시 최초 합격자 10명 중 3명 등록 포기. 매일신문, 2023. 12. 24.

19) '의대 열풍' 어디까지…… 연고대 이공계 정시 합격자 대거 이탈. 연합뉴스,

2024. 2. 20.

20) 의사·회계사·변호사…… AI에 밥그릇 뺏긴다. 서울경제, 2023. 11. 16.

21) 이진원 옮김. **클라우스 슈밥의 위대한 리셋**. 메가스터디북스, 2021.

22) 김덕년, 정윤리, 양세미, 최선경, 정윤자, 위현진, 김재희, 신윤기, 강민서. **주 도성**. 교육과 실천, 2023.

23) Leadbeater. "Student Agency" Section of Education 2030-conceptual learning framework: Background papers. OECD. 2017.

제2장

1) 최배근. **호모 엠파티쿠스가 온다-초연결 시대를 이끌 공감형 인간**. 21세기 북 스, 2020.

2) 신붕섭. **교과서만 보고 1등 했어요(중등편)**. 한언, 2009.

3) 김난도, 전미영, 최지혜 외. **트렌트 코리아 2024**. 미래의 창, 2023.

4) 김난도, 전미영, 최지혜 외. 앞 책.

5) 이영직. **질문형 학습법**. 스마트주니어, 2010.

6) 김태연. [ChatGPT 이해하기] 어텐션 메커니즘과 트랜스포머의 출현. 월간 미 래교육-Premium Contents, 2023. 6. 5.

7) 최진석. who am I(유튜브).

제3장

1) 최서연, 전상훈. **AI, 질문이 직업이 되는 세상**. 미디어 숲, 2024.

2) 김난도, 전미영, 최지혜 외. **트렌드 코리아 2024**. 미래의 창, 2023.

3) 이향은. **호모 프롬프트**. 중앙일보-오피니언: 이향은의 트렌드 터치, 2023. 11. 6.

4) 안광복. **철학자의 설득법**. 어크로스, 2012.

5) 차동엽. **내 가슴을 뛰게 할 잊혀진 질문**. 명진출판, 2012.

6) 최진석. 그랜드마스터 클래스-나는 어떻게 자기 자신으로 존재할 수 있나?.

7) 임지은. **내 아이의 첫 미래 교육**. 미디어숲, 2021.

8) 정재승. 집사부일체 2(유튜브). SBS, 2023. 4.

9) 정혜승. 생각을 쓰는 교실 워크숍-학생 질문 능력 계발 자료.

10) 이영직. **질문형 학습법**. 스마트주니어, 2010.

11) 이혜정, 이범, 김진우 외. **대한민국 미래 교육을 위한 제안-IB를 말한다**. 창
비, 2019.

12) 이 총장이 제시한 QAIST는 ① 질문하는 글로벌 창의인재 양성(Q), ② 문제정
의 연구(A), ③ 국제화 혁신(I), ④ 글로벌 가치창출 기술사업화(S), ⑤ 신뢰 가
치 확립(T), 5개 분야이다.

13) 이영직. 앞 책.

14) 벤저민 블룸(Benjamin Bloom)은 교육목표를 인지적 영역, 정의적 영역, 심체
운동적 영역으로 구분하였다. 그중 인지적 영역에서 사고 수준을 여섯 가지
로 제시하였다. 그런데 2000년대 들어 블룸이 제시한 틀을 약간 수정한 신
(新)교육목표분류체계가 나왔다.

15) 美 미술전서 AI가 그린 그림이 1위······ "이것도 예술인가" 논란. 한국경제,
2022. 9. 4.

제4장

1) 조신영. **성공하는 한국인의 7가지 습관**. 한스미디어, 2004.

2) 스펜서 존슨 지음(형선호 옮김). **선물 The Present**. 랜덤하우스, 2003.

3) 김난도, 전미영, 최지혜 외. 앞 책.

4) 리사 손. **메타인지 학습법-생각하는 부모가 생각하는 아이를 만든다**. 21세기
북스, 2022.

5) 캐럴 드웩 지음(김준수 옮김). **마인드 셋**. 스몰빅라이프, 2017.

6) 신봉섭. 앞 책.

7) 신봉섭. 앞 책.

8) 네이버 지식백과(시사상식사전). 연꽃 기법.

9) 마커스 버킹엄 지음(강주헌 옮김). **나를 가슴 뛰게 하는 에너지 강점**(Marcus
Buckingham의 *Strengths Make Your Heart Beat*). 위즈덤하우스, 2009.

제5장

1) "남자는 군인, 여자는 카페"…… 이걸 AI가 그렸다고?. 서울신문, 2023. 1. 16.
2) 김난도, 전미영, 최지혜 외. **트렌드 코리아 2024**. 미래의 창, 2023.
3) 요즘 꼭 알아야 할 영어 단어는…… 'hallucinate'라는데 무슨 뜻?. 매일경제, 2023. 12. 13.
4) 국내서 10명 중 4명만 "챗 GPT 검색 결과 믿을 만하다". 연합뉴스, 2024. 2. 27.
5) 김난도, 전미영, 최지혜 외. 앞 책.
6) [이찬의 호모파덴스] 인공지능 시대에 필요한 7가지 핵심 역량. 한국경제, 2023. 7. 9.
7) 한상기. **비판적 사고와 논리**. 서광사, 2007.
8) WEF. Future of Jobs Report 2023-Insight Report. May 2023.
9) 한상기. 앞 책.
10) 김난도, 전미영, 최지혜 외. 앞 책.
11) 신붕섭. **교직으로 가는 논리 논술(2판)**. 학지사, 2023.
12) 신붕섭. 앞 책.
13) 김효정, 이상민. **챗GPT와 함께**. 뉴런 북스, 2023

제6장

1) 미국 놀이 연구소 소장인 스튜어트 브라운(Stuart Brown)는 도널드 햅(Donald O. Hebb)의 가소성 이론으로 이렇게 설명하였다(정재승, 2018).
2) 정재승. **열두 발자국**. 어크로스, 2018.
3) 정재승. 앞 책.
4) 최배근. **호모 엠파티쿠스가 온다**. 21세기 북스, 2020.
5) 이경민 외. **게임하는 뇌-'게임 인류'의 뇌과학 이야기**. (주) 몽스북, 2021.
6) 이경민 외. 앞 책.
7) 권석만, 임영진, 하승수, 임선영, 조현석 옮김. **인생을 향유하기(행복 체험의 심리학)**. 학지사, 2010.
8) 최서연, 전상훈. **AI, 질문이 직업이 되는 세상**. 미디어 숲, 2024.

9)   김현수. **공부 상처**. 애듀니티, 2011.

10) 청소년 놀이 트렌드 설문 조사. 서울 마포구 청소년 문화의 집, 2023. 8.

11) 신붕섭. **온종일 공부하고 2등 하는 아이 신나게 놀고 1등 하는 아이(공부 방법을 알면 성적이 보인다)**. 한언, 2002.

12) 나사렛대학교 인간재활학과 졸업 후 교직입문을 준비하고 있음.

13) 이케기야 유우지 지음(양원곤 옮김). **누구나 천재가 될 수 있는 뇌 학습혁명**. 지상사, 2002.

14) [보도 자료] 어린이날 101주년 맞아 '2023 아동행복지수' 발표. 초록우산어린이재단, 2023. 5. 8.

제7장

1)   SBS 집사부일체(60회, 61회), 2019. 3.

2)   뤼궈룽. '한 걸음 밖에서 바라보기'. 랜덤하우스코리아 〈좋은 생각〉, 2008년 4월 중에서.

3)   불수능 유일 만점자 "같은 시간 일어나 아침부터 공부…… 기출문제 많이 풀어". 서울경제, 2023. 12. 8.

4)   손주은. **고 3혁명**. 조선일보, 2003.

5)   허두영. **데일리 루틴, 나는 오늘만 최선을 다하기로 했다**. 데이비드 스톤, 2021.

6)   이한이 옮김. **아주 작은 습관의 힘**(James Clear가 쓴 *Atomic Habits*). 비지니스 북스, 2019.

7)   이한이. 앞 책.

8)   김난도, 전미영, 최지혜 외. 앞 책.

9)   요즘 젊은이들이 외모, 학력, 자산, 직업, 성격, 특기 등에서 완벽함을 추구하는 현상(앞 책 참고).

10) 영화나 드라마에서 어떤 특정한 주체로부터 파생되어 나온 것을 의미함. 젊은이들이 지금 하고 있는 일에서 새로운 경력으로 발전시키려는 현상(앞 책 참고).

11) 김난도, 전미영, 최지혜 외. 앞 책.

12) 허두영. 앞 책.

13) 칙센트미하이. **창의성의 즐거움**. 더난출판사, 2003.

14) 이한이. 앞 책.

15) NANCY FREY, DOUGLAS FISHER, & DOMINIQUE SMITH. *ALL LEARNING IS SOCIAL AND EMOTIONAL*. ASCD. Alexandria, Virginia USA.

16) 파스칼 브뤼크네르 지음(이세진 옮김). **아직 오지 않은 날들을 위하여**. 인플루엔셜, 2021.

17) Paul Napper와 Anthony Rao. *The Power of Agency*. New York: St. Martin's Press, 2019.

18) 김현수. **공부 상처**. 에듀니티, 2017.

부록

「공부 주도성의 힘」 성장 체크 업(Check up)

「공부 주도성의 힘」을 읽고 실천하였다면 각 장을 얼마나 내 것으로 만들었는지 스스로 확인해 보자. "첫술에 배부르랴"는 속담처럼 한번에 공부 주도성을 몸에 배게 할 수는 없다. 꾸준히 노력하고, 다음처럼 나(자녀)의 공부 주도성을 확인해 나가자.

-실천 요령-

- 3차로 나누어 실천하자. 1차는 이 책을 읽은 후 한 달 이내에 하고, 그다음은 나름대로 정하자. 다만 전체적으로 3개월 내에 마치자.
- 체크 업은 세 수준으로 구분하자. ☞ ●(숙달-이해-내면화함)-○(노력 또는 실천 중임) – ✕(노력 또는 실천 요구)
- 제1장은 부모가 하고, 제2장~제7장은 자녀가 하자.

제1장 인공지능 시대의 공부 역량			
실천 내용	1차	2차	3차
① 나(자녀)의 공부 동기를 확인하고 그 수준을 높이려고 노력하였다.			
② 새 교육과정과 학습 나침반 2030의 핵심 내용과 시사점을 내면화하였다.			
③ 인공지능 시대의 모습을 이해하였다.			
④ 불확실한 미래에 필요한 자녀역량과 부모의 태도를 잘 이해하였다.			
⑤ 주도성과 공부 주도성의 뜻을 정확하게 이해하고, 내면화하였다.			
⑥ 공부 주도성을 구성하는 요소를 이해하였다.			
⑦ 공부의 본질을 '나'의 생각과 언어로 설명할 수 있다.			

제2장 플랫폼으로 주도하는 공부			
실천 내용	1차	2차	3차
① 공부 주도성을 삼위일체 사고, 초연결성 정신과 연결하여 이해(내면화)하였다.			
② SQ3R의 단계와 원리를 이해하였다.			
③ 공부하는 과정에서 SQ3R을 실천하였다.			
④ 공부 플랫폼 중 기본형을 실천하여 '내 것'으로 만들었다.			
⑤ 공부 플랫폼 중 발전형을 실천하여 수업 과정에서 주인이 되었다.			
⑥ 친구와 함께 협력형 공부 플랫폼을 실천하였다.			
⑦ 공부 플랫폼을 사용하면 좋은 점, 어려운 점, 개선할 점 등을 성찰하였다.			

제3장 끌어내는 공부, 질문하기			
실천 내용	1차	2차	3차
① 챗GPT 시대에는 질문이 중요한 이유를 내면화하였다.			
② 사고 수준별로 질문하는 원리를 이해하였다.			
③ 과정처리 질문의 절차와 유형을 이해하였다.			
④ 수업 중에 자주 질문한다.			
⑤ 공부하는 중에 사고 수준을 고려하여 질문하면서 공부하였다.			
⑥ 과정처리 발문의 유형을 적용하여 친구와 함께 질문하면서 공부하였다.			
⑦ 질문하면서 공부하면 좋은 점, 개선할 점 등을 성찰하였다.			

제4장 날마다 성장하는 공부 성찰

실천 내용	1차	2차	3차
① '나'의 공부나 삶의 과정에서 성찰이 중요한 이유를 내면화하였다.			
② 메타인지 학습의 두 가지 활동(조절과 컨트롤)을 실천하였다.			
③ K-W-L, K-L-S의 원리를 이해하고 실천하였다.			
④ 차시별로 공부 성찰의 원리(SUN, IU 기법)를 이해하고 실천하였다.			
⑤ 한 주, 단원 중심으로, 공부를 성찰하는 원리(만다라트 기법)를 실천하였다.			
⑥ 공부의 기준과 수준을 정하고(생각하면서) 공부하는 습관이 길러졌다.			
⑦ 친구와 함께 피드백하면서 공부하였다.			
⑧ 공부하는 과정에서 '나'의 강점을 찾으려고 노력하였다.			

제5장 비판적 사고와 논술

실천 내용	1차	2차	3차
① 인공지능 시대에 생각하는 능력(비판적 사고 등)이 중요한 이유를 알았다.			
② 논증의 구성 요소(주장-이유-근거)를 고려하여 생각하고 말할 수 있다.			
③ 논증의 기준에 맞게 이유나 근거를 제시할 수 있다.			
④ 논술의 구성 부분과 요소를 '나'의 생각과 언어로 설명할 수 있다.			
⑤ 논술의 기준에 맞게 서론-본론-결론을 썼다.			
⑥ 결론을 쓰기 위한 개요잡기를 제대로 실천하였다.			
⑦ 고쳐 쓰기 방식(셀프 또는 친구 피드백)을 실천하였다.			

제6장 향유하는 공부 놀이

실천 내용	1차	2차	3차
① 공부와 놀이의 관계를 잘 이해하였다.			
② 즐기는(향유하는) 공부를 해야 하는 이유를 내면화 하였다.			
③ 글쓴이가 만든 윷놀이 공부(LPG)의 단계와 원리를 잘 이해하였다.			
④ 윷놀이 공부를 실천하였다.			
⑤ 공부 놀이(LPG 등)의 효과를 잘 이해하였다.			
⑥ 교과서 등에서 놀이를 활용한 학습활동에 더 관심을 갖게 되었다.			
⑦ 공부의 과정에서 주체가 되는 방법에 관심을 갖게 되었다.			

제7장 삶의 주인 되는 학업 루틴

실천 내용	1차	2차	3차
① '나'만의 루틴을 만들어 살아가는 것이 중요한 이유를 내 것으로 만들었다.			
② 나의 생활 습관을 정확하게 알고 있다.			
③ 학업 생활 계획의 체계(흐름과 요소 등)를 제대로 이해하였다.			
④ 나의 인생 사명-비전-핵심 가치를 서로 연결하여 정하였다.			
⑤ 월 계획-주 계획-하루 계획의 원리를 잘 이해하였다.			
⑥ 생활계획의 원리를 적용하여 학업생활을 실천하였다.			
⑦ 삶의 과정에서 '삶 루틴'을 실천하는 원리(뇌에 휴식 주기 등)를 실천하였다.			

저자 소개

신봉섭(Shin Boongseop)

지은이는 교육학을 연구하면서 나사렛대학교 특수교육학부 교수로 재직하고 있다. 공부 방법에 관한 책, 『온종일 공부하고 2등 하는 아이 신나게 놀고 1등 하는 아이-공부방법을 알면 성적이 보인다』 『교과서만 보고 1등 했어요(초등 편, 중등 편)』 등 공부 방법에 관해 저술하여 왔다.
최근에는 부모들에게 인공지능 시대, 불확실한 미래에 적합한 자녀 교육의 패러다임을 제시하는 데 집중하고 있다. 초 · 중등학교에서 부모와 자녀들을 대상으로 주도성 공부 캠프를 진행하고, 시 · 도 교육청의 평생교육원, 도서관 등에서 학부모 강좌를 운영하고 있다.

공부 역량(LC2) 아카데미

지은이는 「공부 역량(LC2) 아카데미」를 운영하고 있다. LC2 아카데미에서는, 공부의 원리와 인생의 원리는 하나라는 철학을 바탕으로 공부 주도성 키움 교실[① 주중 온라인 기본-심화 강좌, ② 주말 오프라인 수업 연계 강좌(컨설팅), ③ 방학 중 집중 캠프]을 운영하고 있다. 공부 역량 아카데미의 프로그램과 운영은 blog.naver.com/lc2_academy에서 자세하게 소개하고 있다. 그리고 유튜브(신 교수의 공부 이야기)에서 이 책을 중심으로 공부 주도성 역량을 강의하고 있다.

대학생 학습법

지은이는 이 책을 바탕으로, 학지사의 온라인 연수원(카운피아)에서 인공지능 시대의 대학생 공부법을 강의(제공)하고 있다. 대학생이라면 다니고 있는 대학의 교수학습지원센터(CTL) 등에서 수강할 수 있다.

이메일: lc2academy@gmail.com
블로그: blog.naver.com/lc2_academy

새 교육과정에 맞춘
공부 주도성의 힘
-인공지능 시대의 공부법-
The Power of Learning Agency

2024년 10월 22일 1판 1쇄 인쇄
2024년 10월 30일 1판 1쇄 발행

지은이 • 신봉섭
펴낸이 • 김진환
펴낸곳 • (주) **학지사**

　　　　　04031 서울특별시 마포구 양화로 15길 20 마인드월드빌딩
대표전화 • 02)330-5114　　　팩스 02)324-2345
등록번호 • 제313-2006-000265호

홈페이지 • http://www.hakjisa.co.kr
인스타그램 • https://www.instagram.com/hakjisabook

ISBN 978-89-997-3231-7 03370

정가 16,000원

출판미디어기업 **학지사**

간호보건의학출판 **학지사메디컬** www.hakjisamd.co.kr
심리검사연구소 **인싸이트** www.inpsyt.co.kr
학술논문서비스 **뉴논문** www.newnonmun.com
교육연수원 **카운피아** www.counpia.com
대학교재전자책플랫폼 **캠퍼스북** www.campusbook.co.kr